築百年京町家
再生奮闘記

伊藤 正人 著

昭和堂

はじめに

先に、築八十年の京町家を改修して住むという経験をもとに、『京町家を愉しむ：行動建築学から見る町家の再生と暮らし』（二〇一六年　和泉書院）を上程してから約八年が経過した。この本では、町家改修と町家暮らしにまつわる光と影と題して、「町家はすばらしい」という光の部分だけではなく、改修をめぐる影の部分（改修費が高くつくこと）や住み始めてからの様々な問題（小動物の侵入問題など）にも言及した。一部の書評では、町家の光（町家の良いところ）だけではなく、影の部分（厄介な問題）にも言及していることが、これまでの町家本にはないユニークな視点として評価されたようである。

今回、再び築百年の町家を改修する機会を得たので、町家問題の課題の一つである改修費用について、低く抑える一つの方法を実践してみた。本書の第一部は、こうした工務店に丸投げせず自らが、いわば工務店になり、改修にかかわる各種の職種別に見積を取り、最も安価な業者を選ぶという「分離発注」という方法で行った町家改修の実践報告である。また、第二部は、先の本の続編として、主に暮らしてから経験した様々な問題の具体的対処法と町家暮らしの愉しみ方についてまとめてみた。

先の本でも述べたように、行動建築学とは、建築を人の行為という視点から捉えようとする考え方であり、建物の有り様は、そのときの自然環境や人為環境（例えば、時代の制度的制約など）と人々の行為により作られるとする見方である（Ito, 2015）。

そうした見方を具現化した事例の一つとして、鴨長明の「方丈の庵」を取り上げた。「仮の庵も……程狭しといへども、夜臥す床あり、昼居る座あり、一身を宿すに不足なし」と、閑居が音楽や花鳥風月を友とした隠遁生活にふさわしいという。『方丈記』に記された、こうした考え方は、町家にも通じるものがある。町家は、その時代の様々な制約（制度）と都市に居住する人々の職業行為、商業や手工業の要請から生まれたものだからである。

平成二九年（二〇一七年）度に制定された京都市の京町家条例による京町家カルテ事業によって、これまで知られていなかった京町家の実態、特に明治期以降の新しい町家（近代町家）の実態が明らかにされたことは大変意義のあることだといえる。『「京町家カルテ」が解く 京都人が知らない京町家の世界』というタイトルの報告書（大場、二〇一九）で明らかになった京町家の姿は、行動建築学の視点と軌を一にするものであり、明治期以降の近代町家（特に専用住宅としての町家）は、まさにその時代の制度（都市計画法）と都市の居住者の要請から生み出されたものだからである。

最後にもう一つだけ述べておこう。町家の専門家と称する人々も実際に町家に暮らしている例は少なく、意外に思われるかもしれないが、町家暮らしの中で直面する様々な問題の対処法について必ずしも十分な知識や経験があるとは限らないのである。ここで述べるように、実際に町家暮らしの中で直面した様々な問題の対処法を紹介することは、他に類書もないので、現在町家に居住している人だけではなく、これから町家暮らしをしたいと考えている人にも役に立つと思われる。そうした対処法の紹介の際には、具体的な製品名などにも言及したので、参考にしていただければ幸いである。なお、記載した製品名や型番は、改修工事時点のもので、その後の変更や廃番などがあるかもしれないが、その点はご容赦願いたい。

令和六年（二〇二四年）初夏
九条町家にて
伊藤正人

目次

はじめに…………i

序章　京町家概論

0．京町家と暮らし…………3
町屋と町家／町家の暮らし／町家の保全

1．京町家の歴史…………4
1．1　平安京の造営…………5
1．2　京町家の原型…………5

2．京町家の建築的特徴…………6
2．1　京町家の定義…………7
立地／構造／外観／間取り／空間構成／用途

2.2 町家と民家……8
2.3 町家の構造と機能……9
一文字瓦／格子／虫籠窓／化粧軒／犬矢来とばったり床几／ケラバ／ミセ土間／玄関／火袋／大黒柱と小黒柱／井戸／奥の間／奥庭／蔵・地下室
3. 職住一体の町家と専用住宅の町家……25
3.1 京町家カルテから見る町家の分類……25
3.2 通り庭・玄関庭・前庭……27
3.3 旗竿地に建つ町家……29
第一部　築百年の京町家を再生する
1. 築百年の京町家の特徴……34
1.1 大宮町町家の建築的特徴……34
敷地／一階間取り／二階間取り／建物基礎／庭／井戸

1．2　大宮町町家の位置づけ……44
2．改修に先立つ耐震診断……46
2．1　耐震診断結果……47
2．2　耐震補強の方法……48
3．各種補助金の利用……49
まちづくりファンド／京町家条例／杣木プロジェクト
4．分離発注という方法……51
4．1　分離発注の内容：工務店の仕事……52
4．2　職種別の業者手配：現場確認と見積依頼……53
4．3　業者選定：見積金額の具体例……55
設備機器工事／左官工事
4．4　分離発注の評価：利点と欠点……58

5. 町家改修の基本的考え方……59
5.1 徹底的な断熱対策……60
5.2 防蟻対策……63
5.3 小動物対策……64
6. 改修図面を作成する……65
6.1 間取りの基本……66
6.2 改修工事概要……66
7. 改修工事の具体的内容……67
7.1 既存の解体と清掃……68
7.2 大工仕事……70
出来高払いは問題あり／床組みの組み直し／建物の傾きの直し方／塀の再建／浴室棟の新築／古建具の活用／階段の付け替え／二階廊下新設／建具の調整／雨戸の戸袋／焼き杉外装材

／大戸の付け替え
7.3 畳工事……82
7.4 サッシ工事……83
ベランダの取り換え
7.5 電気工事……85
エアコン／照明器具
7.6 給排水設備工事……88
7.7 ガス工事……89
7.8 屋根工事……90
7.9 板金工事……90
7.10 左官工事……91
7.11 塗装工事……93
7.12 内装工事……94
7.13 造園工事……96
植栽の整理と通路の補修／沓脱石と石灯籠の設置／水辺空間

第二部　町家暮らしの光と影

8. 町家暮らしの中で直面する問題とその対処法……109
8.1　ケラバ切断の後始末……110
8.2　建具の調整……113
8.3　古建具の利用……114
8.4　墨入りモルタルの維持管理……116
8.5　鎌錠という錠前……116
8.6　簾の問題……118
8.7　柿渋による塗装……118
8.8　小動物の問題……119
野良猫の嫌がらせ？／ネズミ一家一網打尽！
9. 京町家暮らしの愉しみ方……122
9.1　陰翳礼賛：障子や御簾が生み出す光と影を愉しむ……122

9.2 座敷飾りの魅力：美術品・工芸品を飾って愉しむ……123
大宮町町家と九条町家の座敷飾り／京町家キャンパスの意義／座敷飾りの魅力発信
9.3 庭の魅力：市中山居を愉しむ……128
九条町家と大宮町町家の庭／石灯籠の不思議な力
9.4 町家暮らしを彩る小道具……131
江戸期雛人形を愛でる／江戸絵画の花鳥風月を愛でる／掛け軸の表装を愉しむ／真贋の見分け方／庭の景色を彩る置物
9.5 町家暮らしを彩る小道具の入手法……139
小道具を安価で入手するには／値段交渉の愉しみ／ネット・オークションの功罪とリスク
終わりに……143
文献

序章　京町家概論

0. 京町家と暮らし

町屋と町家：京町家とは、文字通り京都の町家のことである。最初に、ここで「町屋」ではなく「町家」という表記を用いていることを説明しておこう。「町家」という表記は、単なる建物自体のことではなく、そこでの暮らし（人々の行動・行為）を含めた意味である（京都市、二〇〇〇：京都市・京都市景観・まちづくりセンター・立命館大学、二〇一一）。つまり、町家を考える時には、建物とそこでの暮らしという二つの側面からの考察が必要となってくる。

町家の暮らし：町家の暮らしとは、先の本でも述べたように、四季の移ろいを肌で感じて、荒神さんを始め、火伏の神さん、お稲荷さんなど八百万の神々に祈り、守られる暮らしである。その暮らしは、二十四節気という一年を二十四等分した季節の変化をもとにした暮らしであり、また、月の運行（満ち欠け）による暦（旧暦）に基づく暮らしでもある。

こうした、立春（二月）から大寒（一月）までの二十四節気の節目ごとに行われる様々な行事を通して季節の移ろいを感じ、そうした行事を愉しみながらの暮らしなのである。例えば、京都では、中秋の名月（旧暦八月一五日）だけではなく、十三夜の月（旧暦九月一三日、後の名月ともいう）を愛でる風習がある。後の名月は、十三夜なので、満月ではない。一部欠けた不完全な月を愛でるという美意識を感じさせる風流な習わしなのである。

町家の保全：このように、京町家の保全とは、建物の保存だけではなく、町家で営まれる様々な暮らしの保存こそが重要なのである（伊藤、二〇一六）。確かに、町家が解体され、駐車場になるよりも、改修されて宿泊施設や飲食店になる方が町家の保存という点では幾分ましではあるが、そこには町家の暮らしという文化的側面が欠落している。こうした事態が進むと、やがて町家の建物は残っていても、そこでの暮らしの文化が廃れて、京都市中が単なる町家の博物館になってしまう恐れがある。町家保全の課題の一つがここにあるといえよう。

第二部では、そうならないための町家暮らしの中で直面する問題の対処法と町家暮らしの愉しみ方を様々に紹介するが、ここでは、最初に、京町家の歴史と建築的特徴について述べることから始めよう。

1. 京町家の歴史

京都の町家を知るには、京都という都市の形成の歴史に立ち返ることが必要である。そうした都市形成の過程で、町家がどのように作られ、変遷していったのかは、京都市「京町家再生プラン：くらし・空間・まち」（二〇〇〇）や京町家作事組『町家再生の技と知恵：京町家のしくみと改修の手引き』（二〇〇二）に詳しい。

1．1　平安京の造営

京町家の歴史の概略については、前作に詳しく述べたので、詳しくはそちらを参照してほしいが、その要点を簡単に述べれば、その始まりは、平安京造営（七九四年）時の条坊制による築垣《ついじ》で囲まれた方形の区画が出発点であり、築垣と大路との間の空間（空き地）に、商業活動の発展と共に人々が住み着くことから次第に町が形成されていったという。条坊制とは、南北の大路を坊、東西の大路を条とし、大路と小路により分割される区画を単位とするものである。特に、大路と大路に囲まれた区画が坊、坊を縦横三本の小路で分割された小区画が町と呼ばれていた。

1．2　京町家の原型

こうした条坊制の区画の隙間（空き地）に作られた、平安末期頃の商業者や手工業者の職住一体の住み家が町家の原型であるといわれている。これらは、構法も作り手も様々であり、一定の規格のようなものは見られないが、やがて江戸中期頃には、同じような厨子二階建て・瓦葺きの均質な町家が並ぶ町並みが形成されるようになる。こうした町家の変遷は、戦国時代から江戸時代にかけての時期に、京都市中を描いた「洛中洛外図」からも見て取れる（伊藤、二〇一六）。

こうした均質化は、大路を挟んだ道の両側に形成された新たな町の単位（両側町）が生まれたこと、そこでの生活を基盤とする人々が防犯や防火という自衛のための自治組織を作り、有力商人を中心とした経済力を持った町衆が町の担い手になったこと、町家を建築する職人の分化と専門化が進んだこと、建築需要に対応する部材の規格化・標準化などにより進められたという（京町家作事組、二〇〇二、二〇〇五：森谷、二〇一一）。これらは、均質化を促した要因ではあったが、最も大きな要因は、幕府（京都所司代）による建築規制であったという（高橋、二〇一四）。

2．京町家の建築的特徴

京都は長らく都であったので、京都の行事（例えば、祇園祭）を始め、様々な文物が全国の都市に大きな影響を与えてきた。「小京都」という名称が物語るように、京都を模倣したまちづくりをしたことがこうした影響の起原であろう。町家建築もまたその一つである。

町家は、全国の都市に存在したが、東京、大阪、名古屋などの大都市の町家は、先の戦火によりほとんど焼失し現存していない。しかし、大都市の中でも京都だけは大規模な戦火を免れたので現在まで多くの町家が残されているのである。このため、京町家は、かつて全国に存在した町家の雛型ともいえるであろう。ただし、現存しているとは言っても、後述するように、多くは明治期以降の町家である。

2.1 京町家の定義

京町家というのは、文字通り、京都にある町家のことであるが、もう少し具体的に定義してみると、以下のようになる。京都市では、京町家を立地から用途まで六つの側面を満たす建築物としている（京都市、二〇〇〇：京都市・京都市景観・まちづくりセンター・立命館大学、二〇一一）。

立地：京都市内で戦前に市街化されていた地域である。

構造：伝統的軸組木造の平屋、中二階、本二階、三階の一戸建て、長屋建て瓦葺き、平入《ひらい》りの大屋根を持つ。

外観：大戸《おおど》、木格子戸《きこうしど》、木枠ガラス戸、虫籠窓《むしこまど》、土壁、格子《こうし》などの特徴的外観が見られる。

間取り：通り庭《とおりにわ》、続き間、坪庭《つぼにわ》、奥庭を保っているか、過去に有していた。

空間構成：外壁または高塀が通りに接し、隣家と軒を連ねていた。

用途：併用住宅、専用住宅、事業専用である。

ここで、平入りとは、建物の屋根の棟に対して平行する面を平といい、平側に出入り口があるものを指している。これらの条件以外に、京都市の耐震診断を受ける条件として、昭和二五年以前に建築されたものというのもある。用途や立地条件を除く、構造、外観、間取りという三つの側面により京町家を定義すると、**京町家とは、伝統的軸組木造建築であり、瓦葺き平入りの大屋根、大戸、木製格子（ガラス）戸、虫籠窓、土壁、格子の外観、通り庭、坪庭、奥庭、続き間の間取りを持つ家屋を指す**（伊藤、二〇一六）。

2.2 町家と民家

庶民の暮らす建物を民家というが、建物が使われる目的と立地により、農家や町家へと分化する。例えば、比較的土地に余裕がある農家では、一般に、田の字型の間取りになるが、都市に密集して暮らす町家では、一列型の間取りになることが多い（降幡、一九九七）。

図は、田の字型の民家と一列三室型の町家を示している。こうした民家は、職住一体という特徴を持っている。つまり、そこで行われる農業あるいは商業という職業に根ざす様々な行為に適合するような建物になっている。町家は、多数の人々が密集して暮らす都市という立地とそこで暮らす様々な人々の職業行為から生まれた建物なのである（伊藤、二〇一六）。

2.3 町家の構造と機能

ここで町家の建築意匠を簡単にまとめておこう。詳しくは、先の本（伊藤、二〇一六）や作事組の著作（京町家作事組、二〇〇二、二〇〇五）を参考にしてほしい。

ここでは、職住一体の町家（九条町家）を例に、町家の特徴を先に挙げた側面から具体的に見ていくことにする。まず、外観意匠から内部意匠へと順に進めていくことにしよう。

一文字瓦：門口に立って、まず目につくのは下屋（一階の小屋根）の瓦である。瓦の軒先側が直線（一文字）になっているものを一文字《いちもんじ》

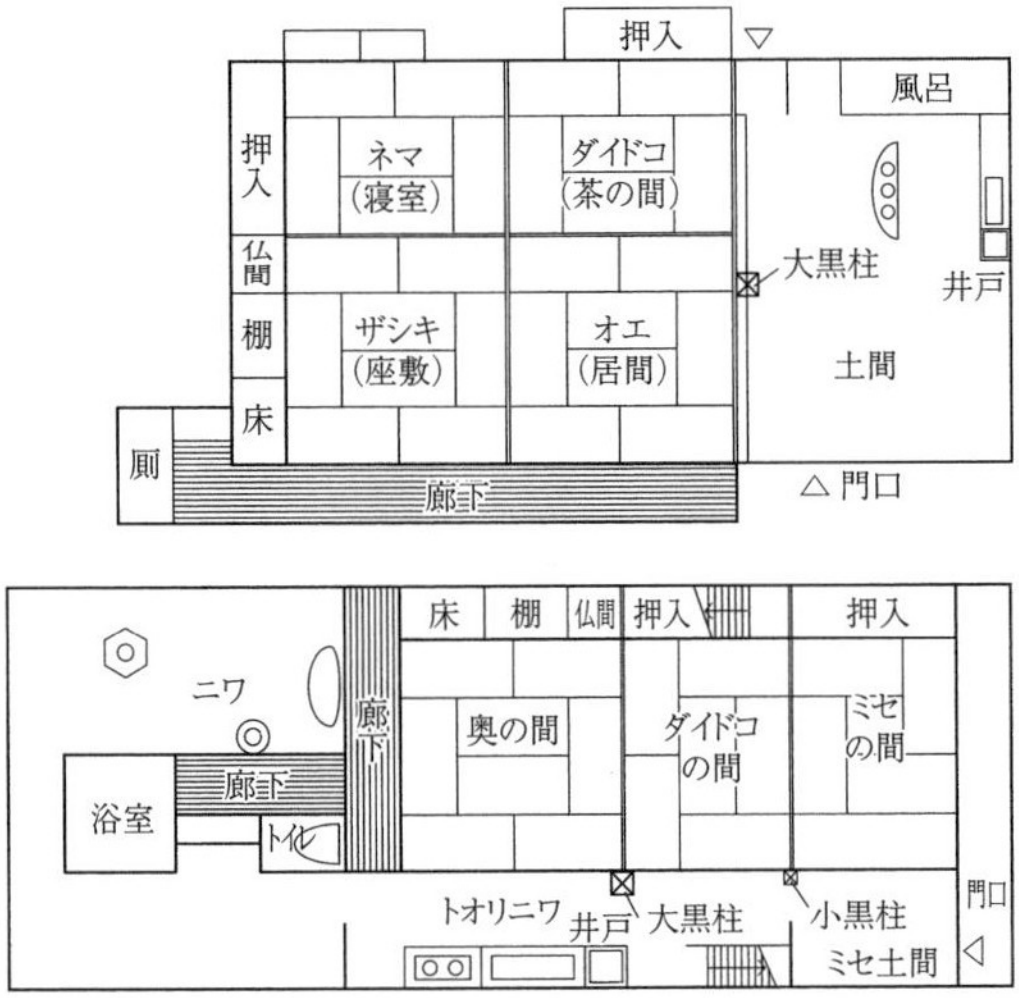

民家と町家の間取り（『京町家を愉しむ』和泉書院、2016年より転載）

昭和初期型町家（九条町家）外観

軒先の一文字瓦

瓦《がわら》という。一文字葺きは、瓦と瓦の上下左右の合わせ目をきれいに仕上げる必要があり、熟練した職人技が必要とされている。一文字葺きの軒先が並んでいる様を見ると、威圧感のないすっきりとした美しさを醸し出している。これが京町家の美しさの一つの要素である。

格子：町家の外観上の大きな特徴の一つは、格子であろう。格子は基本木製であるが昭和初期頃になると木製格子に代わり金属格子になり、腰の部分を重厚な御影石貼りにした形が登場する。

糸屋格子

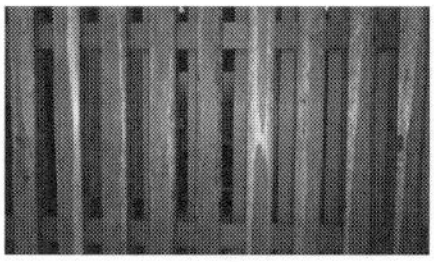

米屋格子

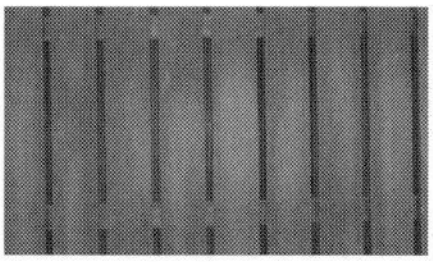

炭屋格子

金属格子と重厚な御影石（一枚板）貼りの外観意匠（九条町家）

格子には様々な形がある。格子は、通に面して造られるが、構造上出っ張った形の格子を出格子《でこうし》、出っ張っていないものを平格子《ひらこうし》という。具体的な格子の形状は、京都文化博物館に併設された飲食店の外観にこれらの格子が用いられているので、それぞれの格子の相違を一箇所で知ることができる。例えば、糸屋格子、炭屋格子、米屋格子など、町家で営まれていた職業により決まっていた。糸屋格子は、細い格子で上部を開けた形をしている。これは、外光を多く取り入れるためであるといわれる。その対極は、炭屋格子の幅広い格子で、格子の間隔を狭めた形である。これは、炭の粉塵を外に出さないための工夫であるという。米屋格子は、これらとはまた異なり、荒格子といわれるように、太い格子で頑丈に造られており、騒動対策といわれる。

　このように、格子の形状が職業的要請により変化しているのである。商売の内容により格子形状の変異が生まれたことは、興味深いものがある。つまり家の意匠

（構造）は、住人の生活（行動様式）と密接な関係があるということである。

写真の九条町家の格子は、鉄製で表面は緑青がわいたような風合いに仕上げてある。こうした金属格子は、戦時中の金属供出により殆ど撤去され、建築時のものが現存している例は少ないという。腰の部分は、御影石の石貼りで重厚に仕上げている。

格子は、どのような目的で作られたのであろうか？その目的の一つは、外からの視線を遮るための遮蔽効果であろう。格子は、外からの視線を遮るが、室内側から見ると外の様子がよくわかるという利点もある。これとは別に、外敵防御という目的があったのではという説もある。確かに格子と大戸（潜《くぐ》り戸《ど》の付いた大きな格子戸）という頑丈な造りは、そのような目的をうかがわせるに十分な構造である。

虫籠窓：格子と共に、町家を特徴づける要素の一つが虫籠窓である。虫籠窓は、町家の二階部分の縦格子状の窓のことで、漆喰《しっくい》または黄土（壁土）で造られる。虫籠の格子を連想させることから虫籠窓と名付けられた。二階部分の採光や通風のために造られるが、その意匠も、単純な縦格子形状から、凝った木瓜型などもあり、意匠の多様性はかなりあるようである。

江戸から明治、さらに昭和へと時代が下がると、二階正面に占める虫籠窓の割合も小さくなり、その分木枠ガラス窓が増えてくる。昭和初期頃の町家では、虫籠窓は最小の大きさとなって残され

厨子二階の虫籠窓（江戸から明治期）と本二階の虫籠窓（昭和初期）

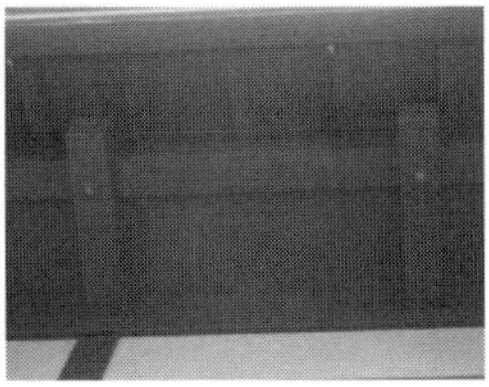

加敷造りの化粧軒

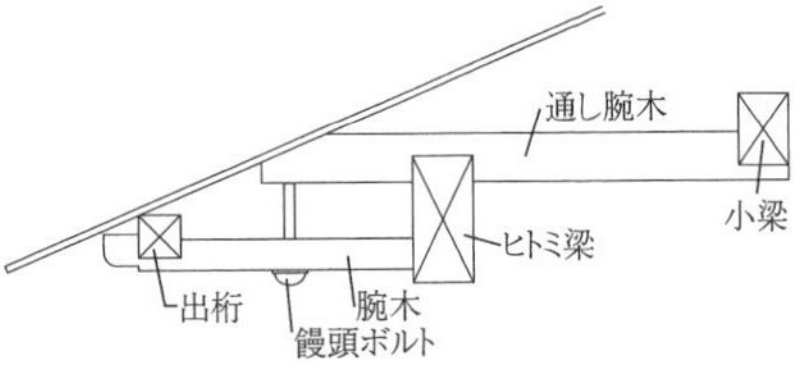

加敷造りの構造（断面図）（『京町家を愉しむ』和泉書院、2016 年より転載）

金属製犬矢来

ばったり床几

右側の家の軒が高いので、隣家へ張り出す形で屋根の端を延長させる

ている。虫籠窓の室内側には、障子やガラス戸をはめている。虫籠窓も、固定式の格子で、内側から開けられないので、格子と同様に、外敵防御という目的があったのではと考えられる。

化粧軒：軒先をより長く出すために腕木により出桁材を受ける軒の木組みを加敷造《かしきづく》りという。これは図に示したように、ヒトミ梁を支点として梃子の原理により通し腕木で出桁材を支える仕組みになっている。通し腕木と出桁材はボルト（饅頭ボルト）で接合されている。これは雨が壁面の土壁に当たるのを防ぐという必要性から生まれた軒先を長くするための構造（木組み）であるが、それが町家の意匠となっているのである。

犬矢来とばったり床几：町家の外観意匠を特徴づけるものに、犬矢来《いぬやらい》とばったり床几《しょうぎ》がある。犬矢来とは、道路側の外壁に取り付けられる弓形の垣根のことである。これは、竹製のものが多いが、中には金属製も見かける。形状も弓形ではなく単純な柵にしている例も多く見られるが、このような形の柵は、駒寄《こまよせ》とも呼ばれる。これは、かつては荷役に使われた牛馬から建物の外壁を守るという機能を持ったものである。ばったり床几とは、外壁に取り付けられた折りたたみの台であり、商家では、商品を並べる陳列棚の機能を持ったものである。使わないときは壁側にたたんで、台の裏側が見える形で止めておく。

ケラバ：ケラバとは、切妻屋根の妻側の端（張り出した部分）のことであるが、隣り合う家の軒の高い方が、隣家へ越境する形で屋根の端を張り出したものを指す。町家建築では、隣家との境は、ほとんどないように隣接しているが、ケラバを設けることで、隣家との境に雨水が落下し、双方の土台の柱が腐食することを防ぐのである。これは、生活の知恵である。京都では、屋根の端の越境について、隣り合う家同士の暗黙の了解がある。

ミセ土間：職住一体の町家では、商売用の座敷（ミセの間）やその前の土間（ミセ土間）の天井は、

ミセ土間の大和天井

玄関土間からミセ土間を見る（墨入りモルタル仕上げ）

玄関と式台

玄関内側から見上げた筬欄間と格天井

特に化粧材を使わずに二階の床組をそのままにして仕上げる。このような仕上げの天井を大和天井《やまとてんじょう》という。ミセの間は、商いのための空間なので、化粧材を使わずに、ベンガラを塗っただけの簡素な仕上げにしたのであろう。

土間は、花崗岩が風化して出来た土に消石灰と「にがり」を混ぜて突き固めたものを用いる。これは、三種類の材料を混ぜると硬化する性質を利用したものであり、三つの材料を混ぜ合わせることから三和《たた》土《き》と呼ばれる。現代では、三和土の代わりにモルタルで代用することが多い。

玄関：職住一体の町家では、玄関は、道路から見て二番目の部分である（最初の部分は、ミセの間）。道路からミセの間への入り口は、玄関ではなく門《かど》（門口）ということになる。玄関には、沓脱石《くつぬぎいし》を置くか、または式台が設けられ、ここから来客が出入りする。家人が出入りするのは、ダイドコの間からである。

写真の玄関は、櫛状の細かい木組みである筬欄間《おさらんま》と竿を格子状に組

火袋の上部へ伸びる大黒柱と横に伸びる梁（九条町家）

松の太い梁（ゴロンボ）とその上の準棟纂冪（九条町家）

んだ格天井《ごうてんじょう》からなる格式高い造りになっている。筬とは、機織り機の縦糸を整え、横糸を押さえる櫛状の部品のことである。これと形状が似ているため、筬欄間と呼ばれる。寺社を見学すると、筬欄間と格天井は、格式の高い造りであるという解説をよく聞くが、このような格式の高い造りは、上質な町家であることを示すものである。

火袋：町家の建築意匠の特徴の一つである吹き抜け空間を火袋《ひぶくろ》という。火袋は、おくどさんと呼ばれる竈《かまど》での煮炊きの際の熱や煙を逃す空間として機能するものである。江戸時代には、煙突がなかったので、その代わりに「煙出し《けむだ》」という屋根の上部に小さな屋根を乗せたような換気口を設けていた。この「煙出し」の有無で、江戸期の建築かどうかの判断が出来る。これが明治期以降、西洋から煙突が導入された結果、明治期以降建築の町家には、煙出しの代わりに煙突が設けられるようになった。

火袋は、煙突が付けられるようになっても、放熱という機能のために、なお大きな役割を果たしてきた。しかし、竈からガスや電気という煮炊きの仕方の変化から、現在では、放熱というよりは、単なる吹き抜け空間となっている。この大きな空間は、人の視線を引きつけるので、規模の大きな町家では、松の太い梁を架けて、この空間をより動的に演出している。写真に示したように、松の太い梁は、空間を引き締め、重厚な印象を与えている。このような松の太い梁を大工用語で「ゴロンボ」という。さらに、この梁の上部に華奢な木組みを造り、装飾的な演出も行われる。この木組みは、構造上の必要性ではなく、一種の飾りとして造られる。こうした木組みを大工用語で「準棟纂幕《じゅんとうさんべき》」という。

大黒柱と小黒柱：大黒柱《だいこくばしら》（大極柱ともいう）とは、家の中心にある最も太い柱のことで、町家では、大きなもので八寸（約二四センチ角）ほどの大きさである。次に太い柱を小黒柱《しょうこくばしら》（大きいもので約一八センチ角）という。数寄屋《すきや》風な造りの町家では、大黒柱は、より華奢な太さの柱を用いる。門口から小黒柱、さらに奥に大黒柱と並んでいるので、門口から土間を進んでいくと、一層大黒柱の大きさと重厚感が強調されるようになっている。

大黒柱が他の柱より太くて大きいのは、家の中心で荷重を受け止めるためである。大黒柱から横方向に伸びる梁（差し鴨居《かもい》）が荷重を大黒柱へ伝えているのである。垂直と水平のラインの起点となる大黒柱の存在は、その家の風格を象徴する構造物であるといえる（降幡、一九九七）。

井戸：井筒《いづつ》とその上には、釣瓶《つるべ》を上げ下げするための鉄製の滑車を吊す井桁《いげた》が組まれている。通

床下の井戸点検口（換気口も付ける）（左）と滑車を吊り下げるための井桁（右）

り庭を床上げする場合には、井筒上部の石組みを撤去する。井戸を床下に残す場合には、床に点検口を設け、井戸の開口部が見えるようにしておくことが多い。そして井戸蓋には換気口も付ける。井戸が涸れておらず、使用するには、定期的な点検と井戸さらえ（井戸替え）が必要である。一方、井戸そのものを撤去してしまう場合もある。撤去して埋め戻すときには、水神様（弥都波能売神《みづはのめのかみ》）に対する儀式を行うという。

京都盆地の地下水は、北東から南西方向へ流れているが、阪急京都線の地下化工事や京都市営地下鉄の工事などで、水の道が遮断され、かなりの地域で浅井戸は、水が涸れているという。涸れた井戸も、六〇メートルほど掘れば、水は出るとのことであるが、その井戸掘り費用はかなり高額である。

奥の間：奥庭に面した座敷を奥の間という。奥の間は、主人の居室であり、来客の接待に使われる座敷でもある。そのため、町家では、最も上質な空間に位置づけられる。そこには座敷飾り（床の間、違い棚、付け書院など）を設え、最も上質な空間にふさわしい造りにするのである。江戸時代までは、こうした奥の間に子どもたちが出入りすることはなかったという。座敷飾りを最も簡素にすると、床柱を天井から下げるだけの、床柱が畳の部分に届かない吊り床とその下に置かれる台座という簡易床になる。座敷飾りを造るための十分な空間的余裕がない場合には、こうした簡素化された床の間を設けることがある。

九条町家の奥の間の夏の室礼（水野秀比古氏撮影）

簡素ではあるが洒落たデザインの欄間（九条町家）

桐文様のキラ押し京唐紙を使った襖（九条町家）

座敷飾りを始め、部屋と部屋、部屋と廊下の境に設けられる欄間《らんま》や障子《しょうじ》、襖《ふすま》も奥の間の構成要素の一つである。写真の例の欄間では、桐の葉が抽象化され、単純化された文様として彫られているが、洒落たデザインになっている。欄間の上部を曲線状にスリットを開け、その枠と全体の枠を黒漆塗仕上げとしている。

襖には、文様をキラ（雲母）押しした京唐紙が使われるが、光の射し込み方により無地、あるいは文様が明瞭に見えるなど座敷の隠翳に深みを与えている。文様も様々であり、公家好みから、武家好みや町家好みなど伝統的にそれぞれに好まれた文様があるようである。また、玄関座敷には牡丹唐草文様、奥の間の座敷には桐文様など、座敷ごとに異なる文様を用い、座敷の雰囲気を変えることもできる。京都では、唐紙を作る工房は多くあり、文様も工房により違っているので、自分の好みに合う文様（工房）を見つける愉しみもある。

襖の引き手にもさりげない洒落たデザインが施されていることもある。象嵌を施した洒落たデザインの引き手が使われたり、単純な丸形やさりげない形の引き手でも素材は上質な古銅が使われていたりする。こうした引き手は、奥の間やダイドコなどそれぞれの部屋の用途を考慮して使われる。町家建築では、引き手のようなあまり目立たないものにまで、座敷の用途に合わせた目配りがされているのである。

奥庭‥町家の奥庭は、石組みを中心とした庭である。奥の間の廊下から庭に出られるように、大きな鞍馬石《くらまいし》の沓脱石を置き、ここから飛石《とびいし》伝いに、庭の中心にある石灯籠《いしどうろう》にいくことができるように設える。石灯籠は、庭の景色の重要な要素の一つであり、また、庭の雰囲気を引き締め、格調を高める働きがある。その中間に大きな建物の芯柱の礎石を思わせる円形の伽藍石《がらんせき》を置く。この他の添景物として蹲《つくばい》や手水鉢《ちょうずばち》がある。蹲とは、背の低い手水鉢のことで、手水鉢の水で手を洗うときに

初夏の奥庭（九条町家）

鞍馬石の沓脱石（九条町家）

寸胴型筧（右）と竹枕型筧（左）

しゃがむ（蹲う）ことから名付けられたものである。伽藍石や手水鉢が、どこかの廃寺の礎石であるとか、古い橋脚であるなど、その出自が明らかで歴史のある物ほど珍重される。羅城門の礎石も現存し、使われているようである。このような沓脱石、伽藍石、石灯籠、蹲あるいは手水鉢は、町家の奥庭の典型的な構成物である。

沓脱石の置かれている面から、庭の奥を一段高くし、そこに石灯篭を据えると奥行き感が増し、庭を広く見せる効果がある。また、袖垣《そでがき》を据えて庭の一部を遮ることで、より庭の奥行きを感じさせることもできる。手水鉢の手前の地面を掘り下げて、水の逃げ道とするが、ここは雨水が地面に自然浸透するように造ることが多い。しかし、ゲリラ豪雨などの最近の気象傾向から、下水管に接続して排水できるようにした方が安心である。また、手水鉢への給水の便を考えて、水道管を仕込んだ竹製の筧《かけい》を設ける。筧には、寸胴型と竹枕型がある。筧の先から手水鉢へ落ちる水音は、庭に閑寂な趣を与える効果があるので、筧は奥庭には欠かせない添景物である。

奥庭のもう一つの主役は、樹木である。松、槇、クロガネモチなどが主木として選ばれることが多い。町家の奥庭を表す「市中山居《しちゅうさんきょ》」という言葉がある。これは町中に居て山の中にいるような趣きを味わえる庭のことを指している。こうした趣を作るには、シダや苔は欠かせない植物である。また四季の移ろいを芽吹きや開花、紅葉、落葉など植物の変化から味わえるような樹木の選定が必要である。最近は、ネット上で樹木を選び、注文すると宅配便で送られてくるので便利である。植物の知識が多少あれば、庭師に依頼しなくても自身で庭造りもできるであろう。

ウナギの寝床といわれる奥に深い町家では、その途中に小さな庭を設けることが多い。これを坪庭というが、文字通り畳二畳ほどからその大きさは様々である。寺院ともなれば、坪庭といってもかなりの広さがあり、建物に囲まれた庭という意味に解するものであろう。坪庭は、採光と通風という二つの役割がある。坪庭には、石や苔で簡素ではあるが趣のある景色を造る。坪庭と奥庭という二か所に庭があると、庭への散水により奥庭と坪庭の間で温度差が生まれ、風が一方から他方へ流れることで涼感が生まれるのである。

蔵・地下室：町家の奥には、蔵が設けられていることもある。蔵は、一般に、通常の壁の厚みの二～三倍はあり、梁を始めとする部材も頑丈なものが使われているので、火災や盗難から家財、商売道具を守る機能を持っている。また、地下室が造られている場合もあるが、その多くは、先の本で述べたように、戦時中の防空壕跡である（伊藤、二〇一六：江口、二〇一六）。九条町家の奥座敷の地下には、茶壷の保管のため、鉄筋コンクリート製の堅牢な地下室が設けられている。現代では、こうした家財や商売道具を火災から守るという機能の他に、蔵や地下室の構造を活かした音楽室（ピアノ室）や書庫としての用途に転用される例が多い。

3．職住一体の町家と専用住宅の町家

町家は、先の「1．2京町家の原型」（5頁）で述べたように、職住一体の建物であったが、明治期以降は、当初から住居専用の町家も出てくる。そうした変化は明治期以降の時代の様々な行政上の施策と関係があるようである。その変化は、次に述べる京町家カルテの分析から明らかになる。

3．1　京町家カルテから見る町家の分類

京都市景観・まちづくりセンター（まちセン）の京町家保全事業の一つとして、京町家カルテの作成がある。これは、平成二九年（二〇一七年）に制定された「京町家条例」に基づく事業の一つであり、個別の京町家の歴史や文化、さらに建築の観点から総合的に評価するものである。現在ま

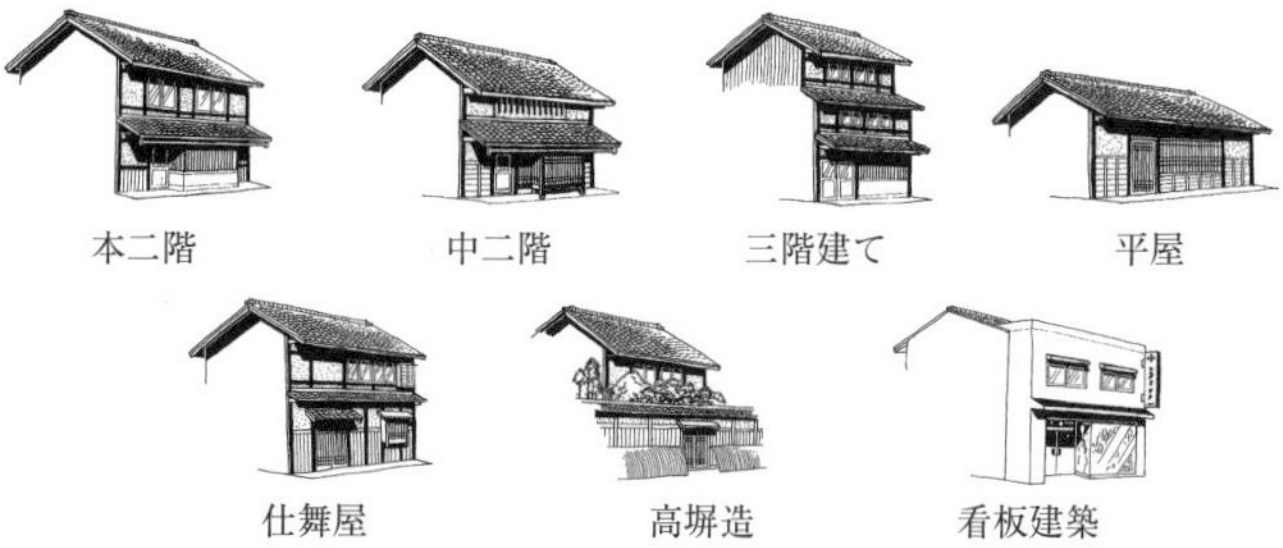

京町家の種類（『なるほど！「京町家の改修」〜住みつづけるために〜』京都市景観・まちづくりセンター、2007年より転載）

で三〇八軒ほどの京町家が調査されているが、その調査結果は、『「京町家カルテ」が解く 京都人が知らない京町家の世界』という題名の報告書にまとめられた（大場、二〇一九）。この報告書のタイトルが言い得て妙であるが、この報告書によって、これまで知られていない、京町家として多種多様なものの存在が明らかになってきた。

　これまでは、京町家の分類として、先の本でも紹介した京都市・京都市景観・まちづくりセンター・立命館大学編集の町家調査報告書（二〇一一年）に挙げられている外観を中心とした類型が知られていたが、そうした類型にとどまらずに、通り庭という土間空間を始め、部屋の配列や庭のあり様など多角的な視点から分類すると、実に多種多様な京町家の姿が浮き彫りになったのである。

　特に、明治期以降に専用住宅としての町家が増加するが、これには大正八年（一九一九年）に制定された都市計画法による京都市外周部（北は北大路通から南は九条通、東は東大路通、西は西大路通あたりまで）の幹線道路の整備と一体になった大規模な土地区画整理事業が深くかかわっているようである（大場、二〇一九）。

専用住宅としての町家に注目してみると、大別すれば、通り庭型町家と玄関庭・前庭型町家という区分ができるという（大場、二〇一九）。従来、専用住宅としての町家は、道路に面して塀を立てた高塀造りの町家と仕舞屋という商売を止めて住居専用となった町家が知られていたが、それだけではないことが分かる。従来の分類による高塀造りの町家は、ここでは前庭型町家に含まれている。また、職住一体の町家として、通り庭を持つ町家以外に、表に商売用店舗、奥に住居という表屋造りや西陣地区に多い機織機を建物内に設置した織屋建《おりやだ》て町家が挙げられている。

3.2 通り庭・玄関庭・前庭

先の本で紹介した町家の平面図をここでもう一度引用してみよう（伊藤、二〇一六）。間口三間半の一列三室型町家である。平面図に示されているように、通り庭とは炊事をする土間空間（汲み取り式便所の肥桶の通り道でもあった）のことであり、ハシリとも呼ばれる。この通り庭に沿って部屋を配置するのが町家の特徴である。京町家カルテの報告書による分類では、これを通り庭型町家と呼んでいる。一般に間口が狭ければ、部屋は直線状に配列され、間口に余裕があれば二列配置にな

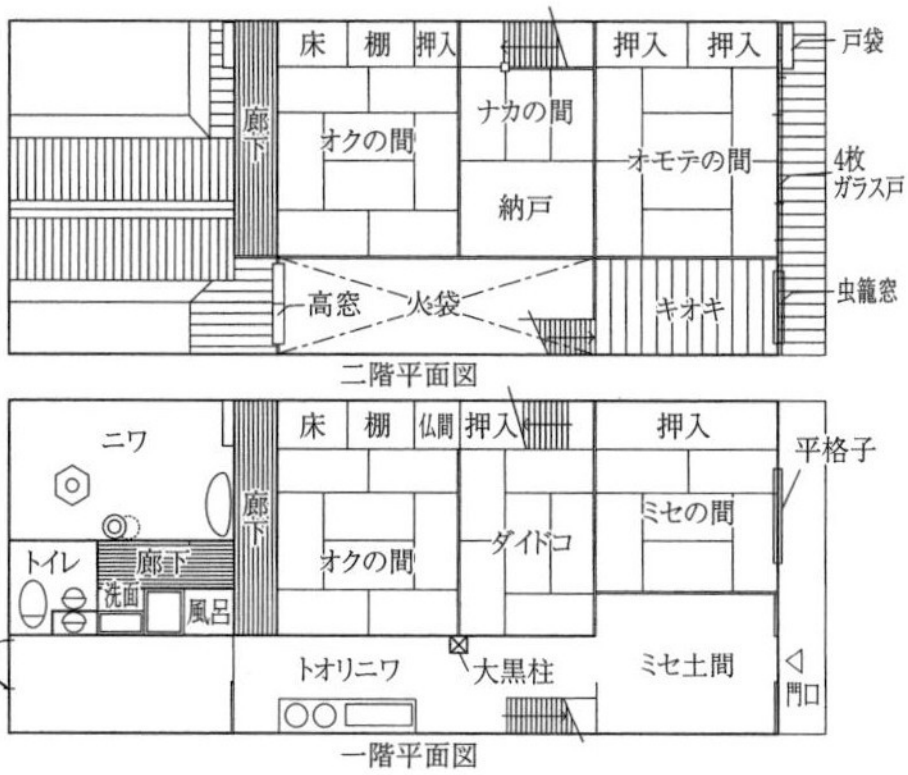

間口 3 間半の 1 列 3 室型町家平面図（『京町家を愉しむ』和泉書院、2016 年より転載）

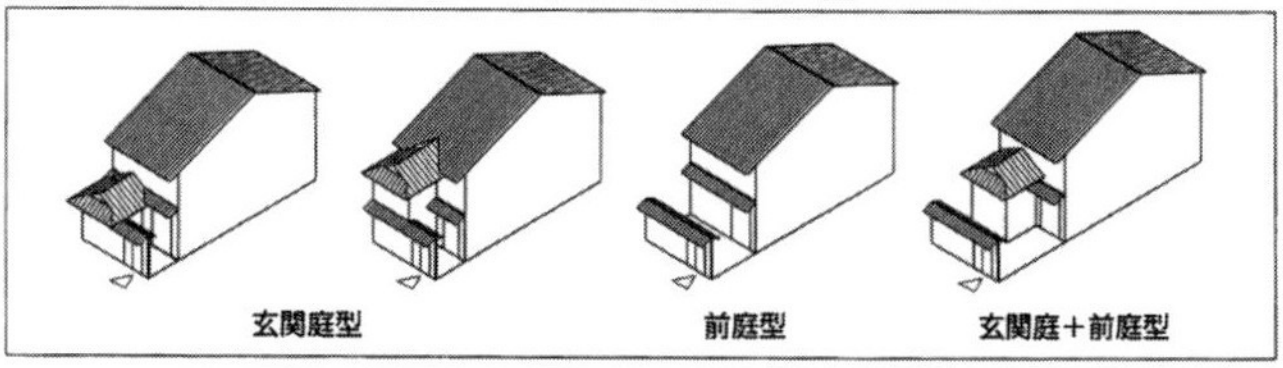

玄関庭・前庭型町家の立面図（『「京町家カルテ」が解く 京都人が知らない京町家の世界』大場修著、淡交社、2019 年より転載）

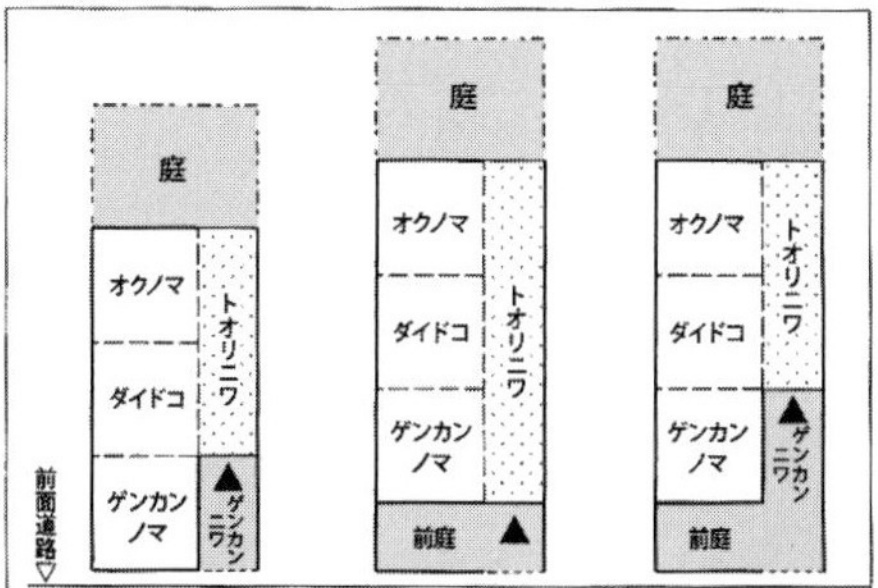

玄関庭・前庭型町家の平面図（『「京町家カルテ」が解く 京都人が知らない京町家の世界』大場修著、淡交社、2019 年より転載）

るので、通り庭を持つ町家と言っても最小の一列一室から、最大の二列六室までかなりの多様性が見られる（大場、二〇一九）。

玄関庭とは、玄関の間に対面する形で造られた天上が開いた土間空間であり、雨が落ちてくるので植栽もされる場合がある。図に示したように、玄関棟を設けた場合には、玄関庭が造られる。玄関棟は屋根の妻側を正面に向け、その破風《はふ》の下に軒を出す入母屋《いりもや》造りとする場合が多い。

建物の前に庭（前庭）があれば、必然的に塀が必要になり、高塀造りの町家となる。高塀造りの町家の中には、正面に玄関棟を設け、屋根の妻側を正面に向ける場合（入母屋造）もある。こうした玄関棟を設けた町家は、大正から昭和初期にかけて造られた比較的新しい町家（近代町家）であるという。

現存している町家の多くは、こうした新型の町家であり、江戸期の町家は極めて少ない。この理由は、江戸時代に度重なる大火があり、また、江戸末期の禁門の変の大火で、京都市中は大半が焼失したからである。

3.3 旗竿地に建つ町家

京町家カルテの報告書（大場、二〇一九）では、これらの分類とは別に、旗竿地に建つ町家が挙げられているが、旗竿地の専用通路を短くしていけば、必然的に高塀造りの町家（前庭型町家）になると考えられる。旗竿地という変形の土地に建つ町家も、専用通路以外は塀が隣地の建物で外から隠されているだけの、塀が隠された高塀造りの町家（前庭型町家）なのである。

第一部 築百年の京町家を再生する

京町家は、明治期以降、多くの制約（身分制度や幕府の建築規制など）がなくなり、経済力に応じて、豪華な造りのものも現れるようになる。そうした変化の一つは、極端に軒高の低い厨子《つし》二階建てから、本二階建てへの外観上の相違である。また、木材も桧の使用（江戸時代までは、桧は寺社仏閣や公家、武家に限られていたという）が可能になり、意匠も座敷に長押《なげし》をまわし、座敷飾りを豪華な造りにするようになった。

九条町家の火袋の火打ち梁（斜材）

さらに、建築上の構法も、石の上に柱を立てる、江戸時代以来の束石《つかいし》（一つ石）基礎から、昭和初期頃にはコンクリートによる布基《ぬのき》礎《そ》へと変化を見せる。また、西洋建築の影響から、町家建築の特徴でもあった垂直の柱と水平の梁以外に、火打ち梁という斜材も用いられるようになる。

当初から専用住宅として建てられるのも明治期以降であるが、大正期はこうした町家建築の変化や多様化への過渡的な時期にあたるといえる。さらに、大正期には、玄関が洋風化され、和室と洋間との折衷的なものも現れる。これは大正モダンと呼ばれている建築意匠の一つである。

1. 築百年の京町家の特徴

本物件（以下、大宮町町家と呼ぶことにする）は、大正一一年（一九二二年）に専用住宅として建てられた京町家である。以下に、敷地から、外観意匠、間取り、建物基礎、庭などの特徴を順に見ていこう。

1.1 大宮町町家の建築的特徴

敷地：敷地は、専用通路を持つ旗竿地であるが、専用通路の間口が二・五mほどあるので、再建築可能な土地である。京都では、こうした通路を路地《ろうじ》と呼ぶが、多くは間口が二m以下の再建築不可の土地である。最近では、こうした

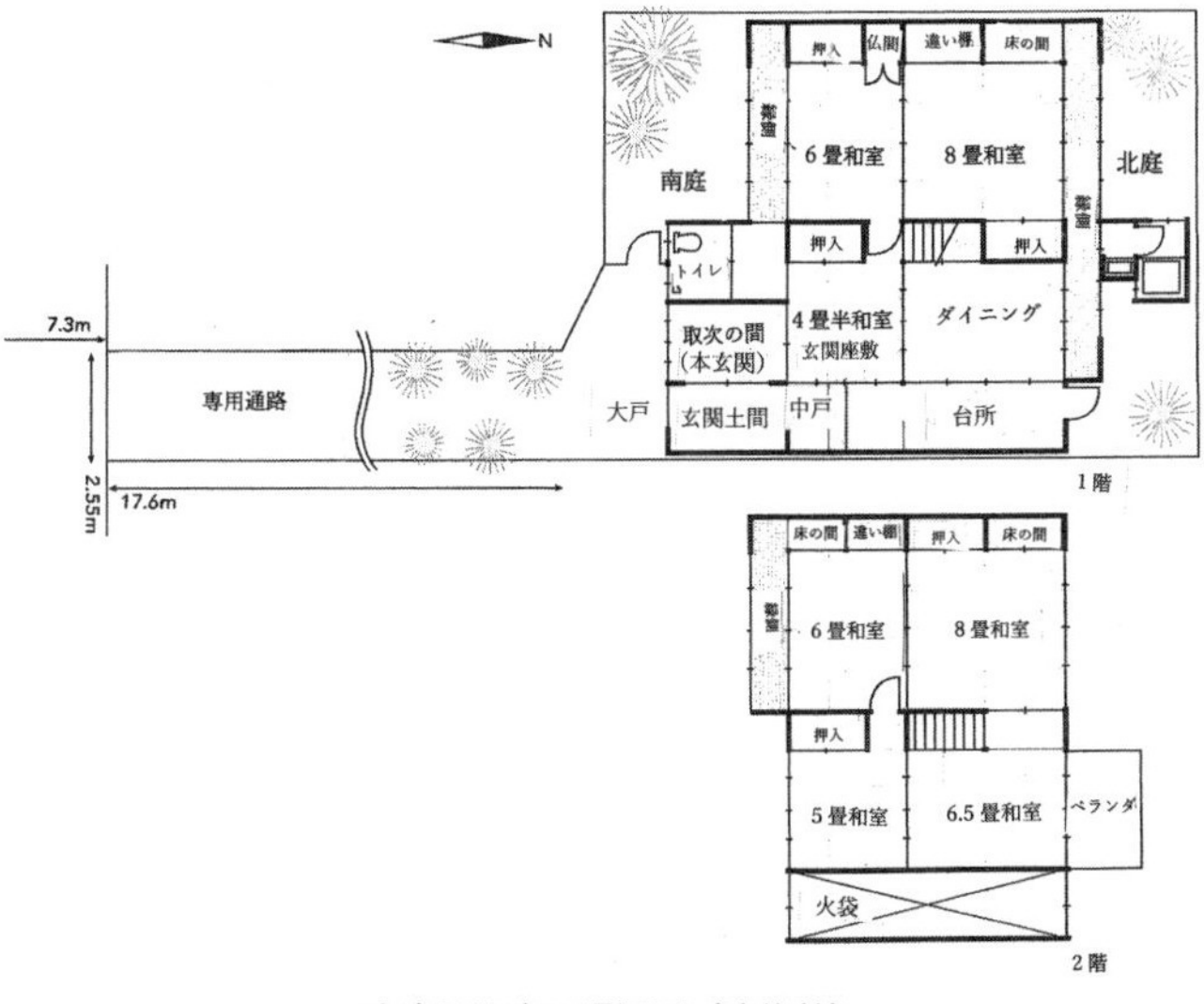

大宮町町家の現況図（改修前）

再建築不可の土地に新たな住宅を建てるため、規制の緩和がおこなわれたという（京都新聞二〇二四年一月一六日記事）。

一階間取り：本物件は、道路幅七・三mの通りに面して門があり、専用通路を通って建物に至る。建物は、本二階建てで、一部は平屋（取次の間とトイレ）建てである。この平屋部分（玄関棟）に玄関庭（玄関土間）という、天井が開いた土間が設けられている。玄関棟は入母屋屋根で、破風を正面に見せ、大きくせり出した軒《のき》の下に銅板葺きの庇《ひさし》を出している。

一階の中心に二階へ上がる階段を設け、階段の左右に部屋を設けている。この間取りは、田の字型の民家の造りに類似しているが、民家のような堅牢な造りではなく、茶室のような数寄屋風な華奢な造りである。この数寄屋風の華奢な造りは、多くの京町家の特徴でもある。このことは、縁側（廊下）の天井部分や大黒柱の造りを見れば明らかである。天井の竿縁《さおぶち》に桧の小丸太を用いて、茶室の天井のような形に造ってある。また、大黒柱は桧の一四五㎜角（小黒柱は一二五㎜角）である。

玄関土間（玄関庭）への出入り口は、比較的格子の粗い、華奢な大戸と潜り戸である。大戸は外開きであり、潜り戸は引き戸である。土間の内側には、板戸があり、これを閉めて雨や風の吹き込みを防ぐ造りになっている。玄関土間の上部は屋根がなく、開いているので、かつては植栽もされていた可能性もある。現状の床はモルタル仕上げである。玄関土間の北側が門口《かどぐち》（家人の出入り口）

大宮町町家外観（玄関棟は入母屋屋根である）

玄関土間（玄関庭）から中戸を見る（正面は門口、左側が本玄関）

1階縁側（北側廊下）の天井の造り

であり、その片引き戸は中戸《なかど》とも呼ばれる。西側が本玄関《ほんげんかん》（客人の出入り口）である。

玄関土間の西側に本玄関を改変したと思しき取次《とりつぎ》の間（応接室）が設けられている。ここの天井の竿縁には茶室風の桜の皮付き丸枝を使用しており、壁は漆喰塗りの上に唐紙が貼られていた。また、床は板間となっていた。この取次の間の窓は、従来の町家の意匠ではなく、少し凝った洋風な趣を感じる意匠である。天井は茶室風意匠、床は板間、窓は洋風意匠の、いわば、和洋折衷の大正モダンともいうべきものであろう。

取次の間と玄関座敷（四畳半間）の間は板戸であるが、この板戸の上部にガラス入りスリットが造られている。これは、玄関座敷から取次の間の中の様子を見るためのものだと考えられるが、興味深い意匠である。

門口から中に入ると、通り庭（炊事用土間）になっており、その上部は火袋と呼ばれる、高さ七mほどの吹き抜け空間になっている。この吹き抜け空間の北側と南側、さらに東側にも開口部があり、町家の火袋としてはきわめて明るい。開口部には、すでにアルミサッシが取り付けられていた。この吹き抜け空間には、垂直の柱を繋ぐ、複数の側繋《そばつな》ぎ（梁）が設置されている。通り庭の間口は、一間（約一・八m）ほどで、すでに床上げされていた。

一階の西側和室へは、玄関座敷（和室四畳半間）を通って二つの方向から入ることができる。一つは、階段の前を通り、和室六畳間へ入る動線、もう一つは、トイレの前を通り、縁側へ出て、和室六畳間へ入る動線である。

一階和室は、六畳（南側）と八畳（北側）の続き間となっている。八畳和室に床の間と違い棚（床脇）が設えられているので、こちらが主座敷である。違い棚（床脇）の上部には天袋《てんぶくろ》、下には地袋《じぶくろ》が設えられており、床脇の床は楢《なら》の無垢材で経年による「とらめ」という黒い縞模様が浮き出て

取次の間の窓と大戸（改修後）

取次の間天井（改修中）

取次の間の引き違い戸に取り付けられたのぞき窓（改修後）

火袋を見上げると側繋ぎ（梁）が見える

1階和室8畳間（水野克比古氏撮影）

1階和室6畳床下の掘り炬燵

1階和室6畳間床下（奥は和室8畳間）

玄関座敷からダイニングと台所を見る

玄関座敷の大和天井

いる。戸襖には金箔が貼られている。和室の間の欄間は、木彫の透かし彫りで、浮御堂や瀬田の唐橋と思しき琵琶湖の風景が彫られている。

　六畳和室には仏間があり、こちらは、居間のような位置づけであり、掘り炬燵《こたつ》を造ってあった。大きさは畳半畳分ほどであり、その中心部分の灰を囲むように方形にブリキ容器を配置していた。ブリキ容器の中身はもみ殻で、恐らく保温材として入れられていたのであろう。造られた時期は不明であるが、炬燵の下には、板囲いの中に土を入れ、高さを調節したような構造物があったので、以下に述べるように床下が掘り下げられてから造られたものと思われる。

　一階の八畳と六畳の和室床下は、かなり深く掘り下げられており、これは戦時中に掘られた防空壕（防空待避所とも呼ばれていたらしい）の名残である（江口、二〇一六）。先の本にも書いたように、町家の床下には、何らかの形の防空壕の痕跡が必ずと言ってよいくらいに見られるのである。防空壕といっても、当時は、どのようなものを造ればよいのか想像もつかなかったようで、形状も千差万別である。これまで、いくつかの防空壕跡を見てきたが、ここまで床下全体が掘り下げられた例は見たことがない。床下が掘り下げられていると湿気が気になるが、土はさらさらの状態で問題はなかった。恐らく、北と南に庭があり、通気が良く保たれていたからであろう。

一階のダイニング部分は、元は和室であったと思われるが、床は板間に改変され、その上にカーペットが敷かれていた。天井にも化粧石膏ボードが貼られていたが、その天井を解体すると、二階の床組みをそのまま見せる大和天井が現れた。

玄関座敷の天井も同じく大和天井である。台所はすでに床上げされており、フローリング貼りになっていた。まだ使えそうな台所の備品は、解体前に某大学の寮生たちが引き取りに来て持ち帰ったので、しばらくは使い続けられるのであろう。

二階間取り：二階への階段を上がると左右に室が設けられ、二階も田の字型の造りとなっている。南側の縁側には雨戸だけがあり、濡れ縁のような造りである。雨戸を開けると、座敷の障子だけで外と内とを仕切ることになる。こうした濡れ縁は、明治期頃までは、多く見られるが、木製ガラス

天井裏の松の太い梁

戸の普及とともに少なくなるようである。

西側の和室二室には、それぞれ床の間が設えられている。南側は赤松の床柱の床の間と床脇に天袋と棚を設えた間口一間半の大きさ（床脇の床は楢の無垢材であり、百年以上の経年により「とらめ」と呼ばれる黒い縞模様が浮き出ている）であり、北側は北山杉の磨き丸太の床柱を使った間口一間の床の間である。東側二室の床は板間となっていた。

最近、町家物件を扱う不動産業者は、物件の二階の一部の天井を解体して、天井裏の梁の構造を見せるようにしている。ここでも、階段を上がった北東部分の部屋の天井が解体され、天井裏の大きな梁が見えるようになっていた。内部の意匠は、数寄屋風で華奢でも、天井裏の梁の構造は堅牢である。天井裏の梁の構造を見せることは、建物の造り（構造）の確認ができるという利点はあるが、同時に、この部分の天井は作り直さなければならないという欠点もある。竿縁天井を作り直すとなると手間と費用が掛かり大変である。

建物基礎：基本的には、束石の上に柱を置く、一つ石（束石）による束石基礎である。また、西側と東側の奥行方向の基礎は、葛石《かずらいし》ではなく、煉瓦《れんが》を敷き詰めたものである。東側は一部腰高まで

煉瓦敷き基礎

床の大引きを支えるコンクリート製束石

煉瓦を積んでいるが、これは竈《かまど》（オクドさん）の耐火のためのものである。

　煉瓦は、明治期以降に造られるようになった西洋技術の産物であり、奥行方向に基礎として煉瓦が使われていることは、新しい部材を用いた新たな試みなのかもしれない。また、北側の塀の基礎にも腰高の高さに煉瓦が積み上げられており、南側隣家の地下室の壁はすべて煉瓦積みであり、同じ隣家の水回り棟の外壁も腰高まで煉瓦積みである。これら二つの町家の建築は、同じ大工棟梁によるものと聞いているので、町家建築にあたり、基礎を始め、壁や塀など広範囲に新しい部材の煉瓦が使用されたようである。

庭：庭については、建物の北側と南側の二か所に設けられている。また、専用通路の両側にも植栽があり、庭として機能している。専用通路は、門から大戸まで二〇mほどあり、中心部分は、起《むく》り（歩道の真ん中が高く、両端が下がる蒲鉾型）をつけた歩道となっている。これは雨水が中央部分にたまらないように、歩道の左右に流れるようにした工夫である。

北庭には石の上に据えられた寄せ灯籠があり、南庭には白川石製の棗《なつめ》型手水鉢があった。

井戸：専用通路の建物に近い場所に、古い手押し式ポンプの井戸が植栽に隠れるように存在した。井戸業者に調査してもらったところ、鉄管（直径三二㎜）打ち込み式の井戸で、地表から深さ六m

南庭の棗型手水鉢

北庭の寄せ灯籠

専用通路の植栽と起りをつけた歩道

ほど、水位は、地表から四m下にあるとのことであった。現在は、打ち込み式井戸の場合には、鉄管の直径は四〇㎜で、地表から八mまで打ち込むらしい。新たに鉄管を打ち込むことを勧められたが、現状で手押しポンプを新しくし、使えるようにしてみた。長らく使用していなかったようで、わずかな濁りはあったが、散水程度なら使えたのである。

九条町家の井戸は枯れていて、使用できなかったが、大宮町町家は京都でも四条通より北側なので、十分水は出るようである。ところが、水が使えると喜んでいたのも、つかの間、一一月頃に水が出なくなってしまった。業者によると、一一月から三月は渇水期なので、古い打ち込み式井戸ではよくあることらしい。次の梅雨時まで待たないといけないとのことであった。

1.2 大宮町町家の位置づけ

大宮町町家の建つ場所が、先に述べたように、大正期から昭和初期にかけて行われた京都市周辺部の幹線道路の整備とそれに伴う土地区画整理事業により造成されたかどうかは不明である。こうした土地区画整理事業で生まれた多くの町家（近代町家）は、玄関棟と玄関庭を持つ専用住宅としての特徴を持っている（大場、二〇一九）。大宮町町家は、専用住宅であり、玄関棟と玄関庭を持つ建築意匠から、こうした近代町家の先駆け的な町家として位置づけられるのではないかと思われる。

建物の基礎は、束石基礎であり、火打ち梁という斜材も使われていないので、布基礎や火打ち梁が一般化した昭和初期の町家建築に対して、過渡的な町家建築ともいえる。

先に「3．職住一体の町家と専用住宅の町家」（25頁）で述べた京町家カルテの分類では、この大宮町町家は、通り庭型二列四室配置の町家ということになる。また、現況図に示されているように、前庭があるので前庭型町家でもある。そこに玄関棟と玄関庭も造ってあるので、玄関庭・前庭の通り庭二列四室型町家ということになろう（大場、二〇一九）。京町家の分類の中でも特に大型の戸建て町家である。

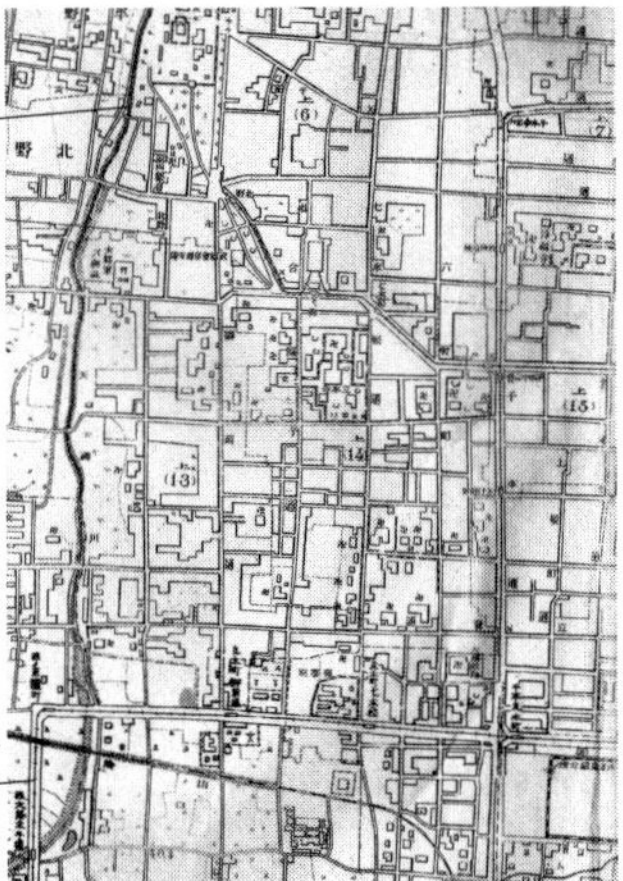

昭和四年京都市街図：丸太町御前付近（丸太町通は西大路通止まりであり、西大路通も丸太町通以北には通っていない。また、今出川通も北野天満宮まで拡幅されていない）

2. 改修に先立つ耐震診断

京都市では、無料で京町家の耐震診断を行っている。正式名称は、「京町家の耐震診断士派遣」事業である。担当部署は、京安心すまいセンターである。まず、これを利用して、耐震診断を受け、建物の地震対策を考えることになる。診断だけではなく、耐震の基本計画まで相談できるが、こちらは有料になる。

こうした耐震診断を受けるには、以下の条件を満たす必要がある。(1)昭和二五年以前に着工されたもの、(2)住宅用途の建物、(3)伝統工法で建てられたもの、(4)二階建て以下で、延べ面積が五〇〇平米以下の建物、という条件があるので、担当部署に一度相談するとよい。

耐震診断の中身は、現地調査診断士と構造診断士の二名の建築士が現地で建物を調査するのである。申込時には、こうした診断士として登録してある工務店や設計事務所などの業者一覧があるので、こちらから担当者(業者)を選ぶこともできる。今回は、すでに前回の改修経験から、問題のあった工務店の名前が一覧にあったので、これらの工務店を除外するように注釈を入れて申請した。申し込み後に、日程調整をして、現地調査日を決めることになるが、調査にはほぼ一日かかる。診断結果は、おおよそ一か月後に「京町家耐震診断結果報告書」として出てくるので、これをもとに、構造診断担当の建築士から説明を受ける。

2.1 耐震診断結果

前回の九条町家の耐震診断結果と同様に、大宮町町家の耐震診断結果は、震度六強の地震に対して、奥行方向は、一応倒壊しない「条件付き安全ゾーン」、間口方向は倒壊する可能性が高い「危険ゾーン」という判定となった。この結果は、多くの町家に当てはまるといえる。その理由は、町家の部屋の仕切りは、襖や障子なので、間口方向の壁量が足りないからである。間口方向に壁を増やせば、耐震性能は増加するが、続き間という町家の特徴が失われることになる。

解体途中の町家　上部が切断され、悄然とした立姿の大黒柱

先の本でも述べたが、現代の耐震の考え方と伝統的軸組み工法の考え方の間には齟齬があるということである。前者は、文字通り、地震のエネルギーに耐えられる壁の耐力を増やすという考え方であり、後者は揺れることにより地震のエネルギーを逃すという考え方の相違なのである。九条町家の隣家が解体されたときに、解体過程をつぶさに

1階床下の横架材と火袋に設けたステージ（北側）

観察する機会があったが、かなり頑丈に出来ていて、解体も大変そうで、簡単には倒壊しそうもないと感じられた。そして、頑丈なものを解体する困難さ故か、解体途中に、隣家と接する火袋の壁を突き破られてしまったのである。

2.2 耐震補強の方法

町家の耐震化については、建築士により意見が異なり、正解というものはないようである。壁の量を増やす方法として、「荒壁パネル」というものが開発されている。価格もそれほど高くはないようではあるが、壁を増やすことができる箇所が見つかるかどうかという問題があり、見つかったとしても、荒壁パネルを取り付けるとなると、大工仕事以外に左官仕事も必要になる（工程が増える）という問題もある。

今回は、知り合いの建築士の助言に従って、床下で、通し柱に横架材を渡すこと（通し柱の補強）と火袋空間の北端と南端の二か所に側繋ぎ（一辺一〇〇㎜の角材）の追加とその上に構造用合板（厚さ二四㎜）

を貼ったステージを造ること（吹き抜け空間のねじれ防止）という二つの側面から耐震補強を行うことにした。特に、ステージを造ったことで、吹き抜け空間の開口部にインナーサッシを取り付ける際に、新たに足場を組む必要がなく、一石二鳥であった。

その他、目視できる範囲で目立った劣化や損傷はないと判定されたが、北東方向へのわずかな傾きが見られた。この傾きもさほど大きくはないので、通し柱のジャッキアップではなく、室内側の敷居や鴨居の調整で水平を保つようにした。

3. 各種補助金の利用

町家の改修については、いくつかの補助金（助成金）があるので、申請が可能かどうかを検討してみるとよい。

まちづくりファンド：九条町家では、京都市景観・まちづくりセンター（まちセン）の助成金を受けて改修を行ったが、最近は、助成する件数が少なく、採択は以前と比べると難しくなっているようである。この理由は、助成対象が個々の町家自体ではなく、地域や景観など、まちづくりの観点に絞られているからであるという。この助成金は東京の篤志家の寄付による基金（まちづくりファンド）がもとになったものであり、令和六年（二〇二四年）度で創設から二〇周年を迎えた。

京町家条例：まちづくりファンドとは別に、京都市独自の京町家保全の取り組みもある。平成二九年（二〇一七年）度に制定された「京町家条例」に基づく、指定京町家改修補助金と個別指定京町家維持修繕補助金である。前者は改修工事に対する助成金であり、後者は日常的維持管理に関する助成金である。詳細は、担当部局である京都市都市計画局まち再生・創造推進室（京町家保全継承担当）に問い合わせるとよい。

京都市では、京町家保全の取り組みの一つとして、京町家条例により、京町家指定制度があり、順次個別指定を進めている。個別指定とは、重要町家という公的な認定であり、個別指定された町家の解体は、届け出が必要になる。このため、安易には解体できなくなった。こうすることで、町家が簡単に解体されるのを防ぎながら、保全の可能性を探る取り組みである。

この他の取り組みとして、先に述べた京町家カルテとその簡易版である京町家プロフィールの作成という事業もある。これは、京町家としての価値を評価して保全につなげようとする試みである。所有者は、ただの古家として、京町家の価値を十分に認識していない場合が多く、京町家としての価値を再認識する機会を提供しているのである。前者は、歴史的・文化的背景なども含めた総合的な情報と評価である。先に述べたように、京町家カルテは、京町家の現状を多角的な観点から調査することで、京町家の成り立ち、建築的特徴など有益な情報を提供するものとして高く評価できる。後者は外観を中心とした評価である。いずれも有料ではあるが、京町家の価値を再認識する契機になると思われる。

杣木プロジェクト：改修全般の助成金以外にも、木工事については、補助金がもらえる制度がある。京都産材の普及を目的とした京都市域産材供給協会が行っている事業で、京都市産の木材を使うと、一六万円分の木材が無償提供されるものである。杣木《そまき》プロジェクトとも呼ばれていて、毎年募集がある。予算に限りがあるので、早めの申請が必要なようである。今回は、年度の途中（九月頃）に申請したら、キャンセル待ちといわれたが、何とか採択された。詳細は、協会のホームページで確認する必要があるが、北山杉小丸太を購入するという条件が付いている。今回の改修では、板間にするダイニング、台所、取次の間用の杉のフローリング材（厚さ一五㎜、節無し）の一部に使用することができた。

4．分離発注という方法

町家の改修で一番大きな問題は、多額の費用が掛かるという点であろう。新築の家が建つほどの費用では、改修に二の足を踏んでしまう。九条町家の改修時にも、改修費用を抑えるための様々な工夫を行った。例えば、エアコンや照明器具は、ネットで購入して、取り付けのみにしてもらうというやり方を行ってみた。これだけでも、カタログ上の金額の六割引という破格の安さではあったが、改修工事全体としてみれば、やはり部分的と言わざるを得ない。

今回は、さらに、改修工事全体を工務店に丸投げしないで、自らが工務店のような役割を担い、職種別に見積をとって発注するという方法をとってみた。このような方法を「分離発注」という（京まち工房六八号参照）。

4.1 分離発注の内容：工務店の仕事

工務店に丸投げしないということは、自らが工務店の役割を担うということである。工務店には、職人の手配から作業の手順などの工事のスケジュールを管理する「工程管理」、資材などの原価を計算して利益を出す「原価管理」、設計図や仕様書と整合的かどうかを管理する「品質管理」、職人たちをはじめとして現場の安全を担保する「安全管理」という、主に四つの仕事があるという。工務店のような役割を果たすということは、これらの側面を自ら担うことになる。

まず、安全管理について保険会社に相談したところ、職人たちは、各自保険に入っているので、特に必要はないとのことなので、これは考えなくてよいことになった。原価計算も、利益を出すよりも、できるだけ安価な部材を購入することを心がければよいので、これも問題はない。品質管理は、自分で現場監督を行うつもりであったので、これも問題なくできると考えた。問題は、工程管理である。各職種の手配はできても、職種ごとに、どのくらいの作業日数が必要なのかは、まったく見当もつかなかった。

例えば、左官工事では、最初に、現状の聚楽壁または漆喰壁をはがすという作業、次に、壁の下地の補修と中塗り作業、そして最後に仕上げ塗り作業という手順になる。こうした作業手順になることはわかっていたが、各作業に必要な作業日数が皆目分からないのである。これについては、左官業者と相談して左官作業の工程表を作るという作業が必要だったのであろう。しかし、このような作業を職種ごとに行う時間もなかったので、結局、工程表を作らずに改修作業を始めることにしたのである。工程表がないことは、職人たちには喜ばれたが、後で述べるように、一部で問題が生じたことも事実である。

4.2 職種別の業者手配：現場確認と見積依頼

業者（職人）の手配については、九条町家の改修時の業者にまず連絡を取ってみた。すると、半数近くの業者が、廃業または連絡のつかないことが明らかになった。先の改修時から十数年経過しているので、無理もないことなのかもしれない。そこで、新たな業者を探すため、ネットで検索してみることにした。

最近では、ネットで調べれば、業種ごとの一覧を見つけることができる。業者の評判や評価も一部には出ているが、どこまで信用できるかはわからないので、まず、一覧の中から、住所が現場に近い業者から電話で連絡してみた。そして、できるだけ同じ日に、複数の業者が現場へ来ることができる日程を探し、午前一〇時に一社、午前一一時に一社、午後一時に一社というように予定を組むことにした。どうしても同じ日に都合がつかない業者は、別の日に現場確認してもらうことにしたのである。これが工務店ならば、各職種の業者（職人）が決まっているので、同じ日に様々な職種の業者（職人）が現場に集まり、現場確認するということになる。

そして、出てきた見積書を検討して、安価な業者を選定することになるが、見積書をみると、かなりの金額差があることに驚いた。似たような見積金額なら、金額以外の要素（評判や評価など）も加味して選ぶこともできたであろうが、あまりにも金額差があると、結局は、最も安価な業者を選ぶことになる。それが、後で述べるように、多少の反省につながった面もあるのである。

4.3　業者選定：見積金額の具体例

いくつかの職種について、実際の見積金額の差を見てみよう。工事費の中で大きな割合を占める大工工事は、知り合いの紹介によって決めたので除外する。その他の工事の中で金額の大きい、ユニットバスやシステムキッチンなどの設備機器工事と町家改修では重要な左官工事を取り上げてみよう。

設備機器工事：ユニットバスやシステムキッチンなどは、各メーカーのショールームに出向き、実際に機器の形状や色調、使い勝手などを体験しながら、機種を選ぶことになる。ショールームでは、選んだ機種の一覧表（製品の型番、カタログ上の金額など）を作成してくれる。また、改修図面（平面図）を持参すると、各機器の配置などに助言をもらえる。この一覧表を基に、見積をとり、納入業者を選ぶのである。納入業者と呼ぶのは、ユニットバスとシステムキッチンの設置は、メーカーの専門職人が行うことになっているからである。もちろん、一覧表の中のユニットバスやシステムキッチンの金額の中に設置費用も含まれている。

ところが、同じメーカーの洗面化粧台や便器などの機種、鏡やタオル掛けなどの小物の設置費用は含まれていないのである。このことが納入業者の選定をしている最中に明らかになって、困ってしまった。では、だれに設置を頼んだらよいのか？　しばらくは愕然としたのち、九条町家の改修の時に担当した給排水設備業者（水道屋さん）に聞いてみたところ、水道屋さんの仕事とのことで、設置してもらえることが分かり、やっと一件落着したのである。

今回は、ユニットバスはＴＯＴＯ製（1616タイプ）、システムキッチンはＩＮＡＸ（Ｉ型キッチン）を中心に、ＴＯＴＯ製の洗面化粧台、ＴＯＴＯ製便器とウオシュレット各二台を始め、その他のＴＯＴＯ製小物類を含む見積となった。カタログ上の金額（定価）で積算すると五〇〇万円以上になることが分かった。ショールームで紹介された業者を始め、ネット検索で出てきた業者など五社に現場確認と見積を依頼した。

その結果、出てきた見積金額は、驚くほど異なっていたのである。それらの主なものを列挙してみよう。金額の高い順に、Ａ社（ショールームからの紹介業者）：約四八〇万円、Ｂ社（知り合いからの紹介）：約三三〇万円、Ｃ社（ネット検索で見つけた業者）：約二八〇万円となった（いずれも税込み金額）。最安値は、ネット検索で出てきた業者であった。最も高い業者との差は、二〇〇万円もあったので、最安値の業者と契約することにした。この場合、設備機器の購入だけなので、業者の施工技術まで考えなくてもよい。また、この業者（Ｃ社）は、ＩＮＡＸの施工図がショールームから送られてきていないことに気づいた時や、屋外用シンク一個が届いてないことが判明した時も迅速に対応してくれ、よい業者に出会えたといえる。

左官工事：左官工事として、一階の勝手口先（外部）と二階の外壁部分（北側と南側）は、後から見積を取って業者選定をしたので、これ以外の左官工事の見積である。九条町家の左官工事を担当した業者を含めて、三社に見積依頼を行った。その結果、金額の高い順に、D社：約二八〇万円、E社：約一五〇万円、F社：約一二〇万円となった（いずれも税込み金額）。ここでも、見積金額に一六〇万円の違いがあった。九条町家の左官工事を担当したのは、E社であったが、今回は最安値のF社に工事を依頼することにした。

ところが、この業者（F社）は、なかなか作業を開始しないので、再三メールで督促してようやく現場に来るという、工程表がないことの問題が起きてしまったのである。また、細部の仕上がりに不具合、特に、柱の際やコンセントボックス回りに隙間があり、やり直しが必要となった。この点は、最安値の業者を選ぶことの問題点（安かろう、悪かろう）なのかもしれない。特に、九条町家改修時のE社の仕事の丁寧さが際立つことになったが、こればかりは仕事をやってみないとわからないことであり、致し方のないことなのかもしれない。

残りの左官工事部分の見積を、全く別の二社に依頼したところ、G社：約五〇万円、H社：約二二万円（いずれも税込み金額）であったので、この部分はH社に依頼した。このH社は、F社が現場に来ない間に、迅速に作業を進めてくれたので大いに助かった。職人も別の同業者には会いたくないようであった。

4.4 分離発注の評価：利点と欠点

今回、分離発注という方法を使ってみた結果、その利点と欠点が見えてきた。利点は何といっても改修費を大幅に低減できたことである。先日、町家物件のオープンハウスに行ってみたら、担当者が見学者に、その物件を住めるように改修（改修工事の内容にもよるが）するには、六千万円ほどはかかると説明しているのが聞こえてきた。大宮町町家の三分の二ほどの大きさの物件で、その改修金額では、物件価格そのものが五千万円であったので、改修費も含めれば一億円を超えてしまう。これでは多くの人が改修に二の足を踏むのも無理からぬことであろう。

今回、分離発注という方法を取ったことで、各職種別の工事費用の見積額がかなりの金額差のあるものだということが明らかになった。しかも、ショールームで紹介する業者（協力業者と呼ばれている）は総じて高額な見積になる傾向があった。もし、見積金額の高い業者に工事依頼をしていたら、それこそ不動産業者の言うような改修金額になっていたであろう。それと比べたら、今回の改修では、その改修工事費の三分の一程度でできたのである。

一方、先に説明したように、職種別に現場確認と見積依頼という作業は、かなり時間と労力がかかるのも事実である。それを「苦」と考えれば、欠点になるかもしれないが、今回のように愉しみながら実施すれば、欠点とはいえない。あえて欠点をあげるならば、工程表を作らず（工程表なし）に改修工事を行った結果、職種間の工事の調整がうまくいかないという工事の段取りの問題（例えば、左官工事の中塗りが終わらないと塗装作業に入れないという職種間の段取り、取り合いの問題）があったことである。これにより、一部改修工事日程が延びたことは否めない。また、現場の廃材、クズなどの処理を誰がするかという職種間のハザマの問題などを先に十分検討しておくことも必要だと感じた。

5．町家改修の基本的考え方

町家暮らしをその町家が建てられた時代のままに体験したいと思う人は、その時代の生活、例えば、竈で火を起こして調理するというやり方ができるように改修すればよい。しかし、多くの人は、町家暮らしといえども、ガスによる調理やエアコンの使用など、現代の生活スタイルを踏襲した暮らし方を求めているであろう。このためには、町家の改修にあたり、現代生活に適合させるような改修内容が求められるのである。先の本でも述べたが、**現代生活に適合する形で、再生することこ**

その町家の保全につながると考えている（伊藤、二〇一六）。
このため、システムキッチンとユニットバスの設置は必要である。また、冬寒く、夏暑い京都では、日常生活が営まれる場所にはエアコンも必要になる。現代生活に不可欠な、こうした設備を設置することを改修の基本と考えた。そして、これらの設備の機能を十分に発揮させる前提の一つは建物の断熱対策である。この他にも、建物の防蟻対策や小動物対策も考えておく必要があろう。

5．1　徹底的な断熱対策

現代住宅は高気密・高断熱を目標としたものが求められているが、町家はこれとは真逆の対極にある住宅といえる。木造建築であるが故に、また経年による木のやせによる低気密・低断熱の「冬寒く、夏暑い」というのが町家の特徴といえる。昨年（二〇二三年）、通産省は、エネルギー価格高騰への対応（冷暖房費負担の軽減）や、二〇三〇年度の家庭部門からのCO2排出量約七割削減という目標のために、高性能な断熱性能を持つ窓への改修にかなりの額の補助金を投入した。こうした機材がなければ、兼好法師の如く「家のつくりようは夏をもって旨とすべし」（徒然草、第五五段）ということになろうが、現代に生きる私たちは、こうした機材を町家の改修にも用いてよいであろう。

断熱材と根太の間を気密テープ（黒色）で塞ぎ、さらに上に気密シートを敷く

2階北側書斎の樹脂製インナーサッシ（内側）と木製ガラス戸（外側）

天井裏への断熱材敷き込み（下には気密シートを敷いてある）

台所の壁に断熱材を入れ、気密シートを貼る

具体的には、樹脂製断熱サッシ（ペアガラス仕様）の使用である。既存の窓の内側に取り付けるインナーサッシも枠の部材がアルミ製ではなく、樹脂製の断熱効果の高い素材が用いられている。また、もう一つは、床、天井、壁の広範囲な断熱材の使用である。さらに、気密性や断熱性を高める工夫の一つが隙間風を防ぐことなので、気密テープや気密シートの使用も考える必要がある。また、意外と知られていないが、コンセントやスイッチ部分は、外部とつながっているので、これらから隙間風が入り込む可能性がある。このため、

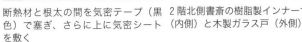

コンセントボックスやスイッチボックスの防気カバーの使用も必要になる。こうした考え方は、十数年前の考え方との違いを表している。九条町家改修の時にも断熱材やインナーサッシを用いたが、今回ほど徹底したものではなかった。

今回の改修にあたって、床用断熱材として厚さ四〇㎜のスタイロフォーム（日曜大工用品店で取り扱いのあるもの）を、また、天井や壁には、厚さ一〇〇㎜または厚さ五〇㎜（奥行が十分に取れない台所壁）のグラスウールを用いることにした。二階書斎と寝室、廊下の床は、杉フローリング材の厚さ一五㎜と下地材の構造用合板（厚さ九㎜）を含めて五五㎜以内に納めないといけないので、厚さ三〇㎜のスタイロフォームの使用となった。余談であるが、改修作業の休憩時間に、このスタイロフォームに座っているとかなり温かいことが分かった。それだけ断熱効果があるのである。

さらに、押し入れの壁と床、床の間の床にも断熱材を入れることにしたが、床の間の壁には、断熱材を入れることはできなかった。これを行おうとすると、床の間全体の造り直しが必要になるからである。押し入れの壁に断熱材を入れると、押し入れの奥行きが一〇㎝程短くなるが、これは致し方ない。

5.2 防蟻対策

改修工事にあたり、トイレ、風呂、洗面所などの水回り（この部分は湿気が多いので、多くの場合シロアリの被害がある）を除く、建物本体にシロアリ被害がなければ、防蟻対策は必要ないかもしれない。

大宮町町家では、大きなシロアリ被害はなかったが、部分的にシロアリに食われた箇所があったので、薬剤散布を行うことにした。防蟻業者に依頼すれば、二〇万円以上はかかるとのことだったので、自分で散布することにした。アマゾンで購入した白アリミケブロック薬剤（日本しろあり対策協会認定品）と噴霧器（セフティー3社製 オートスプレー 2L 蓄圧式 360°可変ロングノズル SAN-2000L）で一万円ほどであった。この薬剤は希釈済みなので使いやすい。木材の防腐効果もうたっている。使ってみてわかったことは、揮発性がほとんどなく、臭いもしないので、農薬散布用マスクがなくても問題ないようであった。薬剤は一四リットルもあり、多すぎるのではと思ったが、床下の木部を中心にたっぷりと散布することができた。

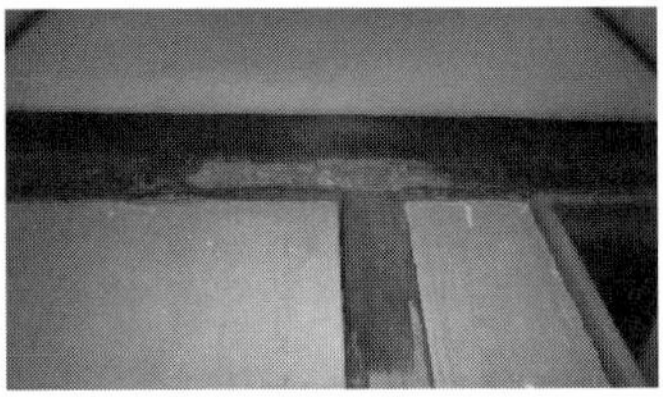

上部の梁の表面がシロアリ被害にあった

シロアリに部分的に食われていた個所は、床付近ばかりではなく、上方の梁の表面にも一部食害があった。シロアリは、地中から来るものとばかり思っていたが、どうやら、そのような例ばかりではないらしい。

5.3 小動物対策

解体にあたって、建物を検分すると何か所かネズミの齧った跡が見つかった。また、二階の床下（一階の天井裏との隙間）に大量の栗の毬《いが》が入れてあった。これは何かまじないの類かとも思ったが、どうやらネズミ対策らしい。このまま入れておくわけにもいかないので撤去して、床からの侵入を防ぐ対策を行うことにした。

その対策は、床下の通気のために開いている箇所にステンレス製の金網を貼ることである。ステンレス製の網は、鉄クロームメッキの網に比べるとかなり高価であるが、腐食しないという点で長い目で見れば優れている。アマゾンで見つけた網（Quitoka社製、幅三八㎝、長さ一〇m）は、かなり細かいメッシュ状なので、ネズミを始め、イタチなど小動物はもちろんのこと、昆虫（ムカデ、ゴキブリなど）なども侵入が困難になる。これは、ステンレス製にしてはさほど高価ではなく、折り曲げの柔軟性もあり、使いやすい製品であった。

実は、解体工事中に、東側隣家との塀の隙間から、ネズミが侵入してくるのを偶然目撃した。もしやと思い職人さんたちが休憩時間に食べる菓子類を調べたら、袋が破られ、食べられていた。ネ

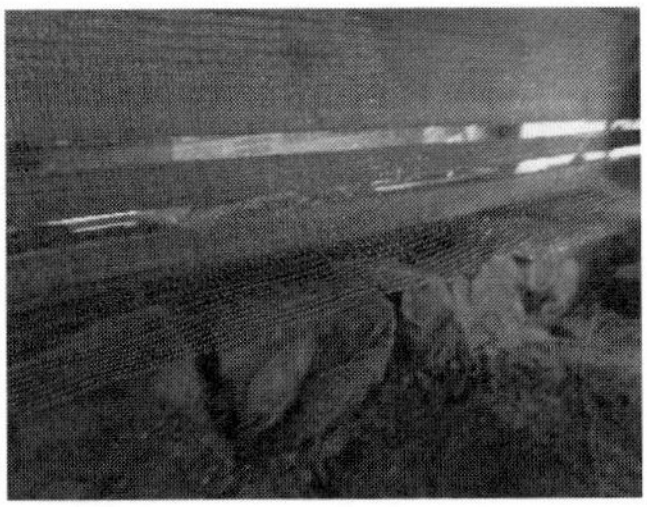

床下に内側からステンレス網を貼る
（下部はモルタル押さえ）

ズミは、これを目当てに侵入してきたのである。このようなことがあるので、現場には食べ物の類を置いたままにしない方が良い。

今年（二〇二四年）の一月に大分県の築百年の古民家が全焼した火事があり、その失火原因が屋根裏に住み着いたムササビの糞が発酵・発熱して発火に至ったのではないかという新聞記事（朝日新聞夕刊、二〇二四年二月八日）が出ていた。また、その記事によれば、ネズミが分電盤に侵入して火災になった事例もあるようである。京都市中のこの場所でムササビはいないとは思うが、イタチやハクビシン、ネズミは侵入する可能性がある。こうした事例を目の当たりにすると、小動物侵入の可能性を極力排除するような改修が重要になってくる。

6. 改修図面を作成する

改修にあたり、知り合いの建築士に「住宅相談」という形で、町家改修の助言を受け、こちらの要望に従った改修図面を書いてもらうことにした。

6.1 間取りの基本

間取りの基本は、ハレとケの区分をすること、すなわち、一階の和室部分や取次の間（応接室）は、非日常（ハレ）の使い方の部分、台所、ダイニングその他は、日常的（ケ）な使い方の部分と位置づけたことである。また、二階の東側に書斎と寝室を新設し、私的空間として位置づけるとともに、二階の西側和室部分に廊下を新設して、二階の各部屋の独立性を高めることとした。

6.2 改修工事概要

改修の概要について、断熱材の施工以外の主要な改修内容を以下に箇条書きにしておこう。

(1) 一階和室、玄関座敷は、現状のままで、聚楽壁や漆喰壁の塗り直し、襖の張替え程度にとどめる。

(2) 取次の間は、現状の床があまりにも低いので、一五cmほど上げて、フローリング貼りとし、玄関座敷との段差を小さくする。

(3) ダイニングは、天井の化粧ボードを撤去し、床のフローリングを貼り直す。同様に、台所のフローリングも貼り直す。

(4) 階段は、上る角度を緩やかにすることと踏み板の幅を広げるために新たに付け替える。

（5）二階北側の東と西の部屋は、間口の幅に木製ガラス戸四枚が取り付けられていたが、これでは冬季寒すぎると思われるので、各部屋左右の二枚分は壁にする。また、二階の階段西側に廊下を新設し、各部屋の独立性を担保する。さらに二階にもトイレを新設する。

（6）一階の和室と取次の間（応接室）以外は、窓に樹脂製インナーサッシ（ペアガラス仕様）を取り付ける。

（7）北側の風呂と小さな洗面所は解体して、新たにユニットバスと洗面化粧台、洗濯機などを設置できる浴室棟を造る。

（8）屋根については、大屋根が十数年前に桟葺きで葺き替えられているので、取次の間とトイレの平屋部分（玄関棟）のみを桟葺き瓦にする。

（9）北側の古い鉄製ベランダは撤去し、新たにアルミ製ベランダを新設する。

7. 改修工事の具体的内容

令和四年（二〇二二年）九月下旬ごろから改修工事を始めることになったが、ちょうどこの時期に、京都市南部の農家住宅が解体されることになり、その建物の建具や庭にあるものを格安で入手

江戸期の建築と思しき農家住宅（壁の装飾が印象的）

することができたのは幸運だった。舞良戸《まいらど》、重厚な洋風ドア、竿縁天井、厚手のラワン材の式台、庭の手水鉢、伽藍石、沓脱石、景石、その他を今回の改修工事に再利用することができたからである。

その農家住宅は、正面に本玄関と少し奥まった土間の入口が並び、広い土間へ入ると、奥には台所があり、そこにはいくつかの竈（オクドさん）が設えてあった。その上には、への字に大きく湾曲した太い松の梁が見えていた。土間と台所に並行して続き間があったが、その続き間の東側に昭和初期に改築された大座敷とその先の広い庭が見えていた。こうした屋敷が解体されてしまったのは大変残念ではあるが、その建物の記憶の一端は、今回の町家改修の中で活かされたといえる。

7.1　既存の解体と清掃

改修工事の手始めは、既存の床や壁の解体と天井裏の清掃である。京都には、寺社仏閣の木部を専門に洗う職人がいる。所謂、洗い屋さんと呼ばれる専門職人である。かつて、ＮＨＫＢＳで放送された「京都人の密かな愉しみ」というドラマの中で、洗い屋を生業とする家の青年が大学卒業の時に悩みながらも家業を継ぐ決意をするという、京都の長い伝統の継承が印象深いエピソードを通して描かれていた。

確かに、木部は水で洗うだけでも木の艶がよみがえるのである。九条町家の改修時にもこのことを実感したが、今回も木部の洗いと清掃を依頼した。天井裏の清掃は最初の洗い屋さんの仕事である。木部の洗いは、床や壁の解体が済んだ後、大工工事の進捗具合を見ながら適当な時期に現場へ入ることになる。火袋の高い場所の清掃も行う。また、改修工事完了時には最終美装（清掃）を行うのである。

火袋の高い場所も掃除する

薬品による建具の洗い

台所床の解体（右手に耐火用煉瓦が見える）

作業を見ていると、埃は刷毛で丁寧に払い、その後に雑巾で木部を水拭きするのである。建具の洗いは、自分でやることにしたので依頼はしなかった。雨戸や木製ガラス戸を、たわしを使って洗うと、経年の汚れが黒い水となって流れ出てきた。しかし、ダイニングと台所との境にある木製ガラス戸は水洗いしただけでは奇麗にならず、諦めていた。恐らく調理の脂分が長年にわたり付着していたためであろう。それを聞いた洗い屋さんがサービスで薬品（苛性ソーダを薄めたもの）を使った洗いの実演をしてくれた。水洗いでも落ちない汚れは薬品による洗いで見事に奇麗になり、さっぱりとしたものとなった。

7.2 大工工事

大工工事については、知り合いが紹介してくれた大工さんに担当してもらい、材木やその他の部材（例えば、木工用ビスやボンドなど）の調達を知り合いに頼むことにした。この他に、雨戸や木製ガラス戸、欄間障子など建具の調整を担当する大工さんも適宜現場に入ってもらうことにした。

出来高払いは問題あり：最初は見積もなく、大工の工賃や材料費などを出来高払いで始めたが、改修工事を進めていくと、大工工事費がいくらになるかわからなくなる恐れが出て来たため、当たり前のことだが概算見積を出してもらい、内容を検討して修正するようにした。今回の改修工事の反省点の一つはここにもある。

出来高払いだと、安価な材料を使うという動機がなくなるのである。例えば、引き戸に戸車をつけた時に敷居に金属のレールをはめこむが、通常は安いアルミ製のレールを使うのであるが、真鍮製になっていたのである（真鍮製はアルミ製に比べると四倍ほどの値段である）。これが工務店のように見積金額内で利益を出そうとすれば、先の「4．1分離発注の内容」の項（52頁）で述べたように、必然的に可能な限り安価な部材を使用することになる。大工さんは、それぞれ技量が高く申し分なかったが、この点が少々残念であった。

床組みの組み直し：床や壁の解体が完了すると、次は床組みの組み直しである。現状の束はかなり少なかったので、現代の基準に合わせるように束を建てることにした。束は、木製ではなく、より強度のある鋼製束を使い、大引《おおび》きを支持することにした。その大引きの上に根太《ねだ》を一定間隔で配置した。その根太の間に断熱材（スタイロフォーム）をはめこむのである。先に「5．1徹底的な断熱対策」の項（60頁）で述べたように、気密テープ（コニシ製 建築用アクリル系気密防水テープVF420A–50幅五〇㎜、長さ二〇m）を使って断熱材と根太間の隙間を塞ぎ、気密シート（酒井化学製ハウスバリアシート 厚さ〇・一㎜、幅一一〇〇㎜、長さ一〇〇m）を敷いた上に構造用合板を貼り、床の下地とした。

鋼製束に支持された大引きの上に根太を配置する

構造用合板下地の上に杉の無垢床材を貼る

敷居の高さ調整

2階書斎床組とレベル調整

建物の傾きの直し方：建物は、先の「2．2耐震補強の方法」の項（48頁）で述べたように、北東方向へのわずかな傾きがあった。ジャッキアップするほどでもなかったので、敷居や鴨居の高さ調整で水平を保つようにした。二階の書斎と寝室部分も同じく、床に断熱材（厚さ三〇㎜のスタイロフォーム）を入れるので、これに合わせて傾きを調整した。調整には、薄い木片を多数用意して、微妙な高さの調整ができるようにした。

塀の再建：南側隣家との境の塀がかなり傷んで傾いていたので、こちらの費用負担で造り直すことにした。できるだけ解体から出た廃材を再利用することにし

塀の再建（解体した床板を再利用）

て、仕上げは杉皮貼りに煤竹《すすだけ》押さえとした。下地が出来たら防腐剤を塗布した。さらにアスファルトルーフィングを貼るという、やや過剰な造りになってしまった。このことをきっかけに、概算見積を出してもらうことにしたのである。塀再建の概算見積約五五万円を約三五万円に減額することで工事を進めていくことにした。

塀の端には、南側隣家からの避難用ドアをつけている。京都では、こうした避難路の設置が暗黙の了解となっているのである。都市に密集して暮らす生活の知恵の一つである。これは江戸時代からの町家のルールというべきものらしい。以前に伏見の江戸期の文政年間に建てられた町家を見学した際にも、敷地の端から隣家とのわずかな隙間に出ることができる木戸が造ってあった。大宮町町家でも北庭から北側の私道へ出る避難用ドアが設けてある。

浴室棟の新築：新築する浴室棟には、ユニットバス、洗面化粧台、洗濯機などを設置できるように考えた。設計士からは、母屋の下屋と浴室棟の屋根との取り合いに注意するようにとの助言があった。屋根同士が重なる場合には、雨漏りしないように、雨水の処理が重要になる。図面では、二重屋根にする案が示されていたが、そこは板金屋さんの雨水の処理の工夫で、二重屋根にしない形で施工可能となった。つまり、浴室棟の片流れ屋根からの雨水は、樋《とい》を使って、下屋に流すことなく下水管へ流すことにしたのである。

古建具の活用：母屋の廊下を挟んで新築された浴室棟の出入り口には、農家住宅から譲り受けた重厚な洋風ドアを引き戸として利用した。この廊下の東端にデッドスペースができたので、ここを食品庫とすることにしたが、ここに取り付けた片開き戸は古建具店から調達した趣のある意匠の戸である。

また、二階書斎のクローゼットの引き違い戸として横桟の造りの良い古建具を再利用した。この建具は、一枚の幅が一・二mもあり、最初は大きすぎて使うところがないと思っていたが、クローゼットの幅がこの引き違い戸にぴったりであった。

町家の台所《だいどこ》には、「嫁隠《よめかく》し」と呼ばれる衝立がある。ここでも、門口から台所が直に見えないように、古建具店で見つけた極細の格子戸を転用して衝立として使ってみた。格子戸を水洗いしたのち、柿渋塗料で塗装すると見違えるようにきれいになる。ここでは、いわば、嫁隠しならぬ冷蔵庫隠しである。

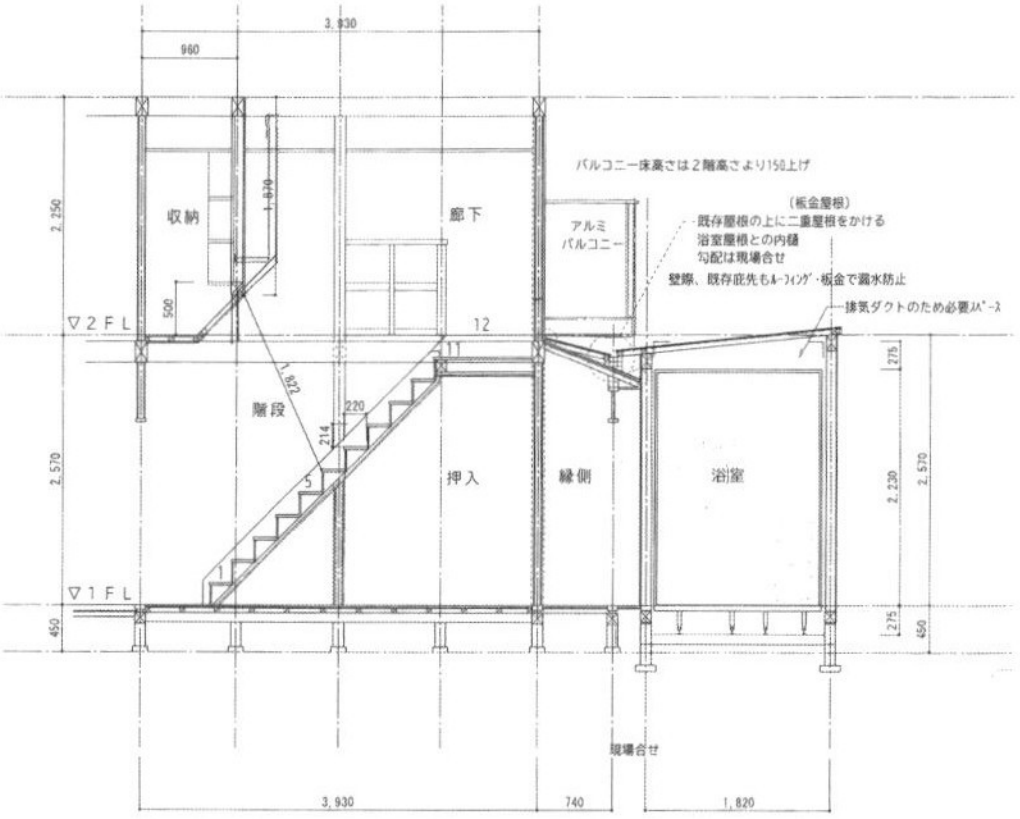

階段・母屋の下屋・浴室棟立面図

浴室棟の木組み

重厚な洋風ドア（左）と趣のある意匠の開き戸（正面）

2階書斎クローゼットの引き違い戸

門口右手の「嫁隠し」（衝立）と奥に勝手口ドア

その他、農家住宅の座敷の一部であった桧の四方柾《まさ》の柱は、取次の間の框《かまち》に、厚いラワン材の式台は、門口の式台へ転用した。さらに、竿縁天井も階段の天井部分に使うことができた。

階段の付け替え：町家の階段は、急角度なことが多い。また、踏み板の幅も短い。現代の基準に合わせようとしたら付け替えが必要になる。新たな階段を取り付けた後、壁に残る旧階段の痕跡と見比べると、階段を昇る角度が緩やかになっていることが分かる。また、階段を昇りきったところの手摺に装飾として擬宝珠《ぎぼし》を取り付けた。この木製の擬宝珠は、ネットで探したものであるが、いまやどんなものでもネットで探せるのである。手摺の横桟部分には旧階段の部材の一部を再利用した。

二階廊下新設：二階の各部屋の独立性を担保するために廊下を新設した。このため、各和室の階段側（東側）を幅半間ほど減らすことになり、それぞれ四畳半間と六畳間になった。そして廊下の北端にベランダへの出入り口を設けた。南端は縁側へ繋がり、途中に欄間の一部が天井から下がることになった。和室側は、天井から垂れ壁を下げ、和室の鴨居と敷居を造った。

建具の調整：一階和室八畳間の欄間障子は、大正期に造られた趣のある意匠の障子（四枚）をネットで探し、四枚でほぼ欄間の横幅と高さの寸法に合致していたので、わずかな調整だけで設置することができた。もともとの欄間は、障子ではなく木彫の透かし彫りであったが、障子をはめな

新たに付け替えた階段と壁に残る旧階段の痕跡（改修中）

階段手摺の擬宝珠

2 階廊下床組みと完成した廊下

いと、エアコンの効きも悪くなる。先に述べた農家住宅から欄間障子も持ってきたが、寸法が調整の範囲を超えていて全く使えなかった。ネットで購入する場合も、寸法が調整の範囲内で使えるかどうかを十分検討しておく必要がある。

欄間だけではなく、木製ガラス戸や雨戸も傷んだ部分は取り換えて、再利用できるように調整した。また、一階玄関座敷の四枚引き戸の内一枚の摺《す》りガラスにひびが入っていたので、近所の建具屋さんに相談したら、ガラスを入れ直してもらえることになった。上部が透明で途中から摺りガラスになる趣のある意匠なので、是非とも再現したいと思っていたの

1階和室8畳間の欄間障子（左）とその裏側の透かし彫り欄間（右）

途中から摺りガラスになる趣のあるガラス戸

1階南側廊下（縁側）の4枚建て木製ガラス戸

で、これは「うれしい」の一言である。しかも、八千円程度の金額で出来たのである。

二階の欄間は、ガラス入り格子欄間（筬欄間）を既存の透かし彫り欄間に組み込んだ。これもネットで探し、欄間に納まるように調整した。ガラスは不要になった既存の木製ガラス戸から転用した。

一階の南側廊下の既存の木製ガラス戸は、横桟の入ったものであったが、かなり劣化していたので、代わりとなる建具を探していた。ちょうど古建具店で、横桟のない四枚建て木製ガラス戸が見つかったので、建て合わせをして設置することができた。

雨戸の戸袋‥大宮町町家では、雨戸の戸袋の室内側は露出した状態のままであった。この時代の戸袋の室内側は多くの場合このような造りである。しかし、これでは隙間風を防ぐことはできない。塞ぐことを考える上で、すでに九条町家の改修で行っていた方法を踏襲することにした。つまり、壁を造り、雨戸を出し入れするときだけ、小さい引き戸を開けて手で雨戸の桟をつかむスペースを造ったのである。雨戸の出し入れは桟をつかんで左右に動かすのであるが、このためには開口部の中心の高さは、ほぼ雨戸の桟の位置になる必要がある。

二階はこの方式では無理であった。この方式にすると雨戸をはずすことができないので、観音開きの開き戸をつけた。つまり、雨戸は外側の欄干とサッシの間を移動するので、壁にしてしまうと雨戸を何かあったときに取り出せないのである。二階はアルミサッシを設置したので、雨戸を閉めるのは、台風襲来の時ぐらいと想定した（「7．4サッシ工事」の項参照）（83頁）。その時は、観音開きの戸を開けて、雨戸

雨戸の戸袋の室内側に造った小さい引き戸

2階縁側雨戸の観音開き戸袋

の出し入れをすることにした。

焼き杉外装材：二階の北側壁面の杉板がかなり傷んでいたので、貼りかえることにして、焼き杉の外装材をネットで探してみた。山口県の業者の焼き杉材（長さ三m、幅一五cm）を購入したところ、薬品ではなくバーナーで焼いてあり、表面も掃除してある（焼けて炭になった部分を取ってある）ので、比較的奇麗で扱いやすい材であった。このまま塗装せずに外装材として使えるのもよい。値段もかなり安く、お買い得感があった。

また、一階南側の洗面台に使用する無垢の欅《けやき》板（厚さ三七mm、長さ〇・九m、幅〇・六m）もネット

2階北側の外壁と戸袋に使用した焼き杉外装材

1階南側の欅無垢材の洗面台（塗装済み）

桧の門扉

から格安（五千円）で購入した。京都市内の銘木を扱う材木店では、これだけ安価な無垢材は見つからない。欅である必要はなかったが、ネットで探したときに見つかったのが必要な寸法を満たしていた欅の無垢材だったのである。このように、ネット上で探すとかなり安価なものも見つかるので、根気よく探してみるのもよいであろう。ただ、焼き杉材のように長尺ものは、運送会社の営業所止めになるので、そこから現場まで運ぶ必要がある。

ネットではないが、近所の建具屋さんが廃業するとのことで、いくつかの造りの良い建具をいただいたが、このうちの一つが桧の柾目の門扉であった。これを専用通路から南庭への門扉として取り付けた。柿渋塗装を施したのでやや赤みを帯びている。

玄関土間（玄関庭）から見る細かい格子の大戸

大戸の付け替え：既存の大戸は、格子がやや粗く華奢な造りであったので、農家住宅で使われていた、格子も細かく堅牢な大戸に付け替えることにした。この大戸は、潜り戸付きで、普段の出入りは潜り戸で行うが、大きな荷物などを出し入れする場合には、大戸全体を開けられるようになっている。

大戸は玄関土間（玄関庭）側からは、既存の太く頑丈な鉄製スライド式ラッチで、また外側からは鎌錠（ウエスト社製）で開閉できるようにした。大戸を閉めた状態で潜り戸から出入りするために、潜り戸にシリンダー錠（ウエスト社製）をつけた。これにより、シリンダー錠で潜り戸を閉めた状態にしておけば、大戸を開閉して出入りすることもできるのである。このように大戸は、何重にも鍵を取り付けることのできる堅牢な建具といえる。こうしてみると、大戸というのは外敵防御という観点からすると、きわめて堅牢であることが分かる。江戸時代から継承されてきたことの意味はここにあるのであろう。

7.3 畳工事

畳工事は、九条町家で担当した畳店が今回も安価であったので依頼した（最も高い畳店との差は二〇万円ほどであった）。畳はスタイロ畳で、畳表は国産のものという指定である。また、廊下（縁側）に御座を敷くことを考えた。これは、廊下のフローリングを現状のまま使うつもりであったので、その上のカバーという意図であった。現状のフローリングは、ゆがんだり沈んだりという構造上の問題はないが、ただ経年による木やせがあり、その隙間から下の土が見えるような個所もあった。この隙間を塞ぐことを考えたのであるが、御座だけでは隙間風を防ぐことはできない。わずかな隙間であれば、ボンドコーク（コニシ製アンバー色）で穴埋めはできる。舞良戸（トイレの引き戸として使用）の板の隙間などはこれで穴埋めした。

フロアタイル用シートを貼り、その上に御座を敷く

そこで思いついたのは、フロアタイル用の下地シート（T-colors社製、幅一m、長さ一〇m、厚さ一・七㎜）の使用である。防音、遮熱、防湿、防カビ、不陸調整、ズレ防止などもうたっている。本来は、フロアタイルの下面に接着面が来るようにするものであるが、これを逆転の発想で、廊下のフローリングに接着面を向けて貼り、その上に御座を敷いたのである。こうすると隙間風を防ぐことができる。また、御座が劣化したら御座だけ替えればよいのである。下地シートは一巻五千円ほどであり、安価である。フローリング自体が傷んでいれば、解体してやり直しせざるを得ないが、そうでなければ、この方法は経費節減にもなり、一石二鳥である。

7.4　サッシ工事

断熱性能が高い樹脂製インナーサッシ（TOSTEM製ペアガラス仕様）を取り付けることを基本として考えたが、二階南側縁側だけは、施工上無理があるとのことで、従来のアルミ製サッシ（TOSTEM

製ペアガラス仕様）となった。一階のトイレ、洗面所、風呂、二階の各部屋、火袋の開口部はいずれも樹脂製インナーサッシを取り付けた。また、一階勝手口ドアと二階ベランダのドアも樹脂製断熱ドア（ＴＯＳＴＥＭ製）とした。火袋の開口部へのインナーサッシ取付けには、足場が必要であったが、耐震対策として造った北と南のステージが役に立った。

サッシの発注から納入まではおおよそ一か月と聞いていたが、先に述べたように、二〇二三年度に断熱性の高い窓用サッシ設置に補助金が出ることになった。このため、サッシの発注が急増し、三か月ほどの待ち時間が生じ、インナーサッシ取付けが大幅に遅延してしまった。これも今回の改修工事における誤算の一つである。

ベランダの取り換え：既存の鉄製ベランダを撤去し、アルミ製ベランダ（ＴＯＳＴＥＭ製〇・九ｍ×五ｍ）を取り付けた。これはかなり堅牢な製品であった。南側が建物の正面なので、ベランダは必然的に北側になったのであろう。北側では物干しにはあまり適していないが、建物の格調を保つ考え方を優先したことの表れと思われる。

こうしたベランダは、主にガラス店が取り扱っているので、複数のガラス店やサッシ業者（五社）から見積を取ったところ、見積金額は約三八万円から約二四万円（税込み、工事費込み）であった。最も安い業者を選ぼうとしたのであるが、実は、インナーサッシの見積で最安値だった業者（このベランダの見積では最安値ではなかった）に、「二〇万円以下に出来るなら発注する」という交渉をしたところ、快諾してくれたので、この業者に決めた。この交渉でさらに四万円ほど安くなったのである。これも交渉次第の一例といえる。

火袋の開口部に樹脂製インナーサッシを取り付ける（北側）

台所の樹脂製断熱勝手口ドア

アルミ製ベランダ

7.5 電気工事

電気配線は、全面的なやり替えを行い、大容量分電盤（六〇A）と情報ボックス（光インターネット用）の設置を行った。また、道路から電線を引き込む際に隣家の壁面にその受けを取り付けて

分電盤・情報ボックス・ルーターと専用通路の受電ポール

あったので、これを撤去して、専用通路内に受電ポール（パナソニック製）を立てた。光ケーブルもこの受電ポールを経由することになる。

各部屋には、情報コンセントを設置した。情報コンセントとは、コンセント以外に、テレビ端子とＬＡＮ端子を一つのプレートにまとめたものである。ＬＡＮケーブルは、光通信用の規格CAT6対応とした。

エアコン：電気工事費を安く抑える方法として、九条町家の改修でも行ったように、照明器具とエアコンはネットで購入し、取り付けだけ電気工事業者に依頼することにした。エアコンは、様々な機能をうたっているものより基本的機種（ダイキン製Eシリーズ）を選んだ。様々な機能をうたうとそれだけ価格が高価になるが、はたしてそれだけの費用対効果があるかは疑問だからである。エアコンは、部屋の大きさよりも、もう一段上の容量の機種を選んだ。つまり六畳間に対しては、八畳間対応の機種（二五クラス）を、六畳間以下の部屋は六畳間対応の機種（二二クラス）とした。その理由は、断熱対策を行ったとはいえ、木造家屋の場合、特に、ここは京間なので、江戸間や団地間と比べれば大きいので、余力を持たせた方が良いと考えたからである。

価格コムで調べた最安値の業者に発注したが、エアコン七台（二二クラス×三、二五クラス×二、二八クラス×一、三六クラス×一）の調達費用は約三六万円（税込み、送料無料）であった（二階北側和室にはクーラースリーブと電源だけ用意した）。改修工事の進捗具合を見て設置できる時期に発注した。もう二万円ほど安い時期もあったが、発注は工事の進捗具合によるので、これは致し方ない。

断熱対策のところで述べたように、スイッチボックスやコンセントボックスには、隙間風を防ぐ防気カバーをつけた。

ガラスシェードの趣のある照明器具

照明器具：照明器具は、町家の雰囲気に合うものとして、廊下（縁側）、取次の間、玄関座敷、ダイニングなどに、九条町家でも使用したガラスシェードの照明器具（後藤照明製）を取り付けた。また、一階和室には、木製枠の丸形和風シーリング（パナソニック製）、二階和室には一階とは異なる雰囲気の木製枠の方形和風シーリング（大光製）を使用した。これらの照明器具はネットで見つけた業者に見積依頼をして、全体として最安値の業者に発注した。

ダウンライトもＬＥＤにより薄型（高さ三㎝前後）になり、天井に穴を開けなくても簡単に取り付けできるようになった。ダウンシーリングライトという名称になっている。廊下には、コンセントと一体になったセンサー付き足元灯を使用した。

今回の改修にあたっては、照明器具が蛍光灯用からLED用へと変わっているので、LED照明器具やLED電球を使っている。蛍光灯からLEDへの変化は、確かに消費電力の低減という点では大きな進歩であるが、一部のLED照明器具では、LEDの寿命が来たとき、電球だけ交換できず、器具ごと交換することになっているのはやや問題である。蛍光灯電球と同じ形状のLED電球であれば、容易に交換できるが、器具ごととなると電気工事が必要になるからである。

マンホールの蓋を開けると塩ビ製排水管が見える

7.6 給排水設備工事

給排水設備工事を行うのは、所謂、水道屋さんと呼ばれる業者である。この水道屋さんは、上水（水道）と下水のことだけではなく、洗面化粧台を始め、ウオシュレットや鏡、タオル掛けなどの水回り製品の設置を行うのが仕事（トイレ内の手摺の取り付けも行ってくれた）であり、給湯器の追い炊き配管もできることは後で知ったのである（お風呂の試運転も行ってくれた)。

改修にあたり、まず、最初に、現状の排水経路を見てもらう必要がある。町家では土管が使われている場合もあるので、改修の際は、塩ビ製の排水管に替えた方が良いだろう。大宮町町家では、塩ビ製の排水管による排水経路のやり直しが行われていたようで、現状のまま使用できることがわかった。

7.7 ガス工事

ガス工事業者は、京都では大阪ガスの代理店なので、ガス自体の接続はしてくれるが、大阪ガス以外のメーカーの給湯器は取り付けてくれないという問題があった。ガス給湯器(ノーリツ二四号、エコジョウズ)を新設するにあたり、ネット業者と大阪ガスの代理店で見積を取ってみた。ネット業者との価格差が一〇万円以上もあったので、ネット業者から購入し、設置してもらうことにした。給湯器に何か問題が起きた時は、結局、メーカーに連絡することになるので、ネットで購入しても問題はないと考えたのである。ただ、ネット業者も追い炊き配管の接続はしないとのことで、この部分は水道屋さんに依頼することになった。

お風呂や台所のガス接続以外に、ダイニングの床にガスコックを設置した。鍋料理で使う可能性を考えてのことである。

7.8 屋根工事

玄関棟（取次の間とトイレ）の屋根の瓦葺き替えを行った。土を下ろし、桟葺《さんぶ》きにした。下地は、通常のルーフィング（改質アスファルト）とその上に断熱シートを敷いた。断熱シートは安価なものであるが、どの程度の断熱効果があるかはわからない。玄関土間（玄関庭）の上部の開口している個所には、土間に雨が直接落ちてこないように、ポリカーボネートを貼った置き式の屋根を置いてあったが、これを新しく作り直した。新しい浴室棟の屋根はガリバリウム鋼板葺きとした。

7.9 板金工事

錆が移るので既存の銅版は撤去のうえ、新たに張り直す必要があるとのことで、すべてガリバリウム鋼板でやり替えることにした。下地の木材が傷んでいるところは交換した。構造用合板で補強の上、防水用下葺き材（改質アスファルト）を貼り、ガリバリウム鋼板で葺き替えた。瓦との取り合い部分もうまく処理している。

7．10　左官工事

町家の改修では、重要な工事の一つである。最初に、既存の聚楽壁や漆喰壁を霧吹きで濡らした後、そぎ落とし、補強が必要な個所は補強したのち下地を塗り直す。最後に、仕上げ塗りを行う。こうした左官工事の特徴は、前段階の作業で壁が乾かないと次の作業ができないという点である。このため、次の作業までしばらく来ないというのはあっても、一週間以上も来ないというのは問題

桟葺き瓦の施工（下地は改質アスファルトと断熱シート）

ガリバリウム鋼板を貼る前の下地の施工

瓦との取り合いもうまく処理してある

下地塗りが完了した床の間

外壁の仕上げ塗り

階段室の漆喰壁（仕上げ塗り）

床下の土壁の穴を補修する

である。工程表がないので、いつ現れるかわからず困ったことになった。

外壁の左官作業であれば、他職種との調整はさほど重要ではないと考えられるが、室内の壁の左官作業となると大工作業や塗装作業との調整はどうしても必要になる。塗装業者は、左官の中塗り（下地塗り）が終わったころに塗装作業に入りたいといってきたが、それがいつになるか見当がつかないのである。また、大工作業と突然現れた左官の作業がかち合うということも起きた。メールで督促しても返事がなく、時間だけが過ぎていく。これが工程表のないことの問題だと実感した。

解体を始めて間もなく床下の状況が明ら

かになると、土壁に穴が開いている個所があることが分かった。このため、元左官職人から手ほどきを受けて、解体で出た壁土を使って自分で補修してみた。補修の順序は、最初に霧吹きで穴の周囲を濡らしてから、よく練った壁土をコテで押し込むように塗るのである。初めはやわらかいが数日たってみると、かなり固く硬化しているのが分かった。

7.11 塗装工事

新材の個所を古色塗り仕上げとして塗装したが、これも見積を取るとかなりの金額差があった。

2階廊下の塗装

現場近くで塗装工事を行っていた業者にも声をかけて、複数の業者（四社）から見積を取ってみた。その結果、見積額は、約五〇万円から約一五万円（税込み金額）まで、かなりのばらつきがあった。当然、最安値の業者に依頼したが、初めての取引なので、半分塗装工事が終わったら代金の半分を払ってほしいという業者側の要望に従って、二回に分けて代金を支払った。

塗料は一般によく使われるオスモカラーだと高価なので、それより安く、しかも同等の機能だというVATON（大谷塗料製）という塗料を使用した。これはオスモカラーと同じ木部浸透系の着色剤である。十分に乾くまで、多少の色落ちがあった（靴下に色が付くことがあった）が、乾いてしまえば問題はなかった。

この他、水洗いした雨戸や木製ガラス戸の木部には、柿渋塗料（京都西川製）を自分で塗布した。また、浴室棟の基礎部分や下屋の桟など、湿気の多い個所や雨のかかりそうな個所は、クレオソートの成分からなる防腐剤（商品名クレオパワー、和信ペイント製）も自分で塗布した。これは水性なのと、クレオソートほどキツイ臭いはしないので使いやすい。

7．12　内装工事

座敷の唐紙や障子の張替えは、町家の改修では重要な作業の一つである。担当するのは建具店または表具店である。特に、ハレの場である一階座敷の襖には京唐紙（山崎商店製）と古い重厚な骨董品の江戸期の引手を使うことにした。和室八畳間の襖には、臥蝶《ふせちょう》と八藤《はっとう》文様を、和室六畳間には牡丹唐草《ぼたんからくさ》文様を選んだ。これらの京唐紙は、光の当たり具合で無地に、あるいは文様が浮き出て見え、趣がある。二階の座敷は、廊下を新設した結果、既存の襖や障子が三枚建てになってしまうので、新たな間口に合う四枚建ての古建具を調達し、一部は新調した。

壁は大部分を塗り壁としたが、一部はクロス張りとした。特に、洗面所、トイレなどの水回り部

光の当たり具合で、無地に見えたり、文様が浮き出たりする

1階和室8畳間の襖と欄間障子、奥は和室6畳間

2階南側和室（古建具を再利用した雪見障子4枚建て）

分は、クロス張りの方が清掃しやすいのでよいであろう。複数の内装業者に見積依頼をしたが、ちょうど時期が三月で、引っ越しの時期（賃貸物件では、引っ越し後にクロスを貼りかえるという）と重なり、日程がうまく取れないので少々困ったことになった。クロス工事も量的にはそう多くはなかったが見積金額は業者間で三倍ほどの開きがあった。最安値（約一五万円）の業者に依頼したが、工事日程の調整に時間を要した。

7.13 造園工事

造園工事は、北庭、南庭、専用通路の三か所である。既存の庭は、あまりよい造りではなく、一度リセットして一から作り直すことにした。最初の植栽整理について、複数の造園業者に見積をとり、最安値の業者に植栽整理と以降の造園工事も依頼した。

植栽の整理と通路の補修：造園工事の手順は、まず、最初に専用通路と北庭・南庭に繁茂している植栽の整理である。かなり成長している植木を伐根して整理した。改修工事にあたり、資材などの出し入れや置き場として、通路を整理しておくことも必要だと考えたからである。実際、材木や農家住宅から運んだ沓脱石、手水鉢、景石などの一時的保管場所として利用することができた。

専用通路の歩道部分の一部は、陥没や亀裂が入っていたので、陥没部分は、モルタルで作り直し、

専用通路の植栽伐根作業

亀裂がある部分は、敷石（三〇cm×六〇cm）三枚で起りをうまくつけるように補修した。三枚の敷石を使うことで、一枚の大きい敷石では難しい起りも、両端の敷石を外側に少し傾けることで容易に歩道の起りをつけることができる。

沓脱石と石灯籠の設置：京都市南部の農家住宅の解体現場から、手水鉢（白川石）、沓脱石（約一・五m×〇・九mの鞍馬石）、伽藍石（白川石）、景石（貴船石）などを格安で購入することができたので、これらを使って作庭することにした。鞍馬石は、現在、採掘できないので、鞍馬石の沓脱石は、これくらいの大きさだと、五〇万円以上の値段となるようである。同じく伽藍石は、白川石（京都の花崗岩）で造られたもので、現在ではかなり希少なものだという。かなり造りの良い大型春日灯籠もあったが、なぜか火袋が欠損していたので、これは断念した。ただ、石灯籠の頂上に置かれる宝珠は、オブジェとして、専用通路に飾ることにした。その代わりに、高さ六尺（一・八m）ほどの古い春日灯籠を据えることにした（その後、江戸期と思しき般若寺形石灯籠を入手したので、春日灯籠を専用通路へ移設し、その跡に据え替えた）。

南庭のモチノキ（実をつけないので、クロガネモチかネズミモチかは分からない）は、恐らく樹齢一〇〇年以上の株立ちで、幹の直径は一〇㎝以上もある大木であったので、これは南庭のシンボルツリーとして残した。この太い幹が鞍馬石の据え付けの時に、鞍馬石を動かすウインチの支点として大いに役立つことになったのである。

また、農家住宅の庭に自生していた、様々な種類の苔（主に、杉苔とハイ苔）が混生した苔群落を採集して、作庭に利用することにした。土をつけたままスコップなどで、はぎ取るようにすることが苔採集のコツとのことで、パレット（容器）二〇個ほども採集することができた。庭師によると、このようなものは通常入手できないという。

最初に、元々南庭にあった沓脱石を北庭に移設し、空いた個所に農家住宅の庭から運んできた鞍馬石を据えることにした。また、手水鉢は北庭へ、伽藍石は南庭へ据えることにした。北庭の排水は、浴室棟との関係で排水管に接続できなかったので、雨水浸透桝（深さ三〇㎝）を埋め込むことで対処することにした。北庭の幅（約五ｍ）に円筒状の網を置き、これを雨水桝に接続して、上から砂利を敷いて隠した。

北庭には装飾的な埋め込み（活け込み）式石灯籠を据えることにした。据えてみると、これがかなりの存在感で、北庭の格調を高めることになったのは予想外のことであった。

モチノキを支点にしてウインチで鞍馬石を動かす

鞍馬石の沓脱石

春日灯籠と円形の伽藍石（水野克比古氏撮影）

植栽として、北庭には、ヤマモミジ、藪椿（赤花）、馬酔木、それに、横に成長する樹高の低いクチナシ（これは他の樹木との調和がうまく取れていて作庭の妙である）を植えた。南庭には、主木のモチノキの他にイロハモミジと馬酔木を植えることにした。

袖垣から門方向の専用通路は、自分で苔貼りと植栽を行うことにした。苔は杉苔、砂苔、ハイ苔を貼ることにし、秋に赤い小さな実をつけるソヨゴと藪椿（白花）を植え、さらに、盆栽として育

雨水浸透桝の設置（北庭）

埋め込み（活け込み）式石灯籠と手水鉢（北庭）

てていた株立ちの赤松も植えることにした。

水辺空間：専用通路には、水辺空間も作りたいと考えていたが、そのモデルとして、東京の小金井公園に移築されている高橋是清邸の庭の小川と池を思い浮かべていた。水は大きな井筒から湧き出るようにあふれ、小川となり流下して、最後は広い池に至る。専用通路脇の限られたスペース（幅五〇㎝ほど）では、こうした風景を造るのは無理なので、それらの要素を凝縮した形で取り入れることにした。最初に、六角形手水鉢（蹲）から水が湧き出るようにして、せせらぎを造り、最後は池部分（水深二〇㎝ほど）に至るように考えてみた。全体の長さは約五mとした。

せせらぎ（水路）と池を造るために、防水シート（中国製）とDCモーターの水中ポンプ（HSBAO社 DEP-2500、中国製）をアマゾンから購入した。京都駅前の養鯉場に相談したところ、メダカやモロコなどの小魚であれば、水を循環させるだけで、ろ過装置は必要ないとのことだった。水中ポンプにより、水を循環させるにしても、水中ポンプが小魚を吸い込まないようにすることが必要である。このために、水中ポンプを円筒状雨水桝の中に置き、水は、底部と上面の蓋から雨水桝の中に入るようにしてみた。

ろ過装置は必要ないとのことであったが、この雨水桝の上部にステンレス製浅型ザルを置き、そこに生物ろ材（コトブキ製）とウールマット（物理的ろ材）を置けば、十分なろ過装置（生物ろ過と

高橋是清邸の井筒（著者撮影）

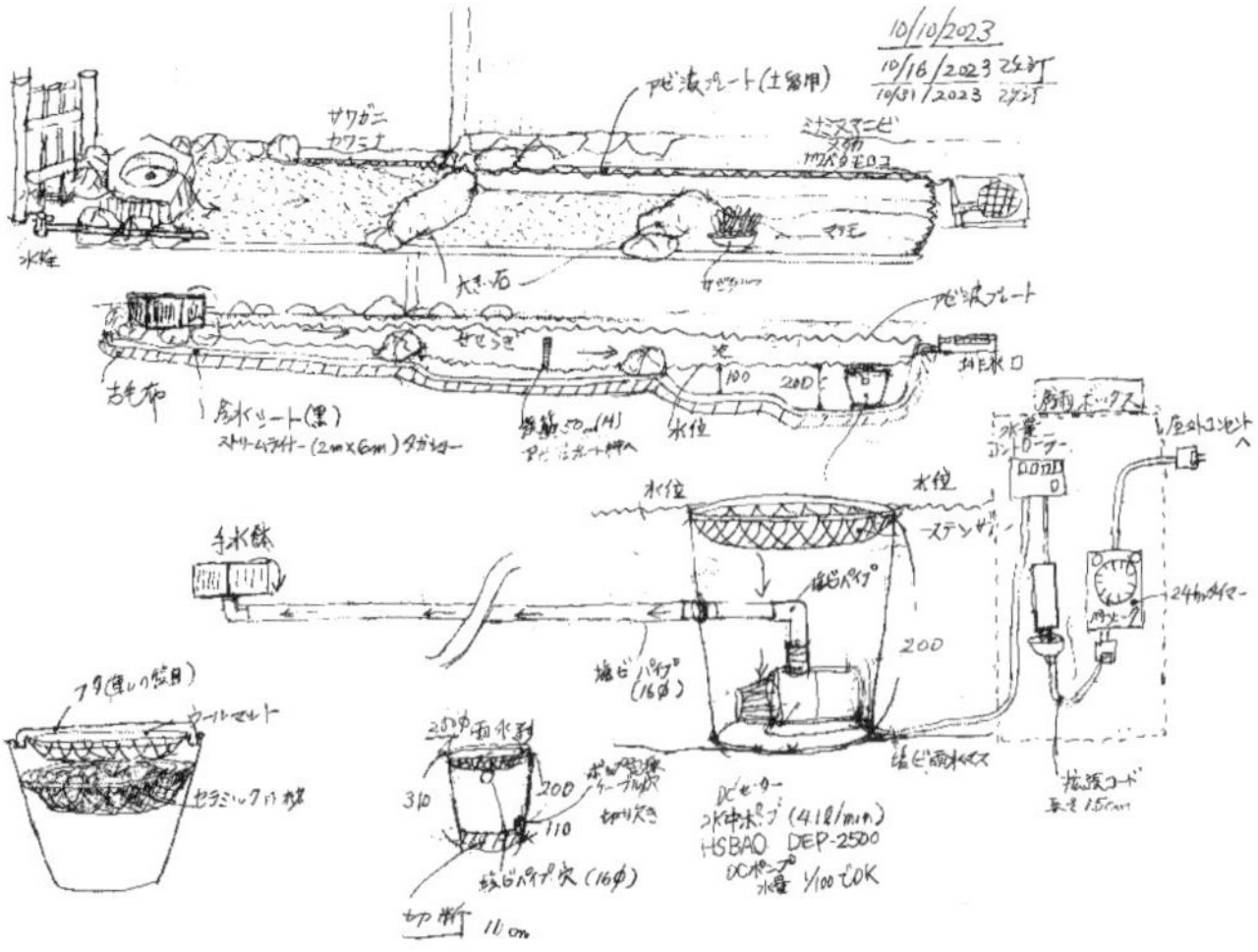

水路の循環・濾過装置概念図

水路部分の下地に防水シート保護のため古い化繊毛布を敷く

防水シートを敷いて、手水鉢や大きな石を置く

水が湧き出す手水鉢と水中ポンプを収める雨水桝

物理的ろ過）になると思いついたのである。そして、水を循環させるのは日中だけにして、夜間は止めておくことを考えて、二四時間タイマー（パナソニック製）を設置した。この二四時間タイマーや水中ポンプの電源と付属の揚水量調節のための制御器などは、防雨用ボックス（未来工業製 屋根付・タテ型 WB-3AT）内に収納した。

防水シートを隠すように川石を積み上げ、水路の中や周辺には、トクサやセキショウ、苔類（ハイ苔、シノブ苔、地苔）、岩オモダカなどを植えてみた。敷地内を掘ると川石が多数出てきたが、このあたりは太古の昔、紙屋川の氾濫原だったのかもしれないと思ったが、紙屋川は、鷹峯《たかがみね》を水源とする自然河川で、西堀川と呼ばれる運河として平安京造営にあたり、木材や農産物などの運搬に大きな役割を果たしていたという（森谷・山田、一九八〇）。

水中ポンプは、一分間四〇リットルほどの揚水能力があり、揚水量の調節が細かくできる点が優れていた。また、音が静かなことはＤＣモーターの特徴であり、この点も申し分なかった。しかし、

水路全景

専用通路の植栽と水路（右側）

専用通路から玄関を見る

防水シートは、いざ広げて、土を掘り下げた部分に敷こうとしたら、穴があいていることが判明した。結局、製品は返品できたが、作業日程は無駄になってしまった。代わりに、タカショーの防水シート（ストリームライナー、二m×六m、厚さ〇・五㎜）を購入し、半分に折って、二重にして敷くことにした。

水路完成後に二四時間タイマーを稼働させて、翌日朝に来てみたら、水量が半分ほどに低下していたので驚いた。水漏れかと思ったが、よく考えてみれば、こうなるのは当然であることに気がついた。つまり、夜間に水中ポンプを止めると、水路上にある水が全部池部分に集まり、一部はあふれてオーバーフロー用排水口から排水されてしまう。そして、ポンプが作動すると、池部分に残った水が水路全体に流れるので、池部分の水が半減してしまうのである。このため、二四時間タイマーによる水中ポンプの制御は、無理なことが判明したので、二四時間稼働させることにした。

第二部　町家暮らしの光と影

町家暮らしを始めると、町家という家が持つ味わいが分かってくる。毎日の暮らしの中で、襖の京唐紙が光によって無地に見えたり、文様が浮き出たりする陰影の変化や、座敷の床の間に季節の掛け軸や花器に奥庭から取った花を飾り、それらを愛でるという現代のプレハブ住宅やマンションという集合住宅（床の間はほとんどない）では得難い行為を愉しむことができる。こうした町家暮らしの愉しみの一方で、町家暮らしに付随する様々な厄介な問題にも直面する。ここでは、こうした町家暮らしの光と影を具体的に述べ、町家暮らしの愉しみ方と様々な厄介な問題の対処法を紹介したい。

8．町家暮らしの中で直面する問題とその対処法

町家暮らしを始めると、建物に関わる様々な問題にどのように対処したらよいのかという問題に直面することになる。町家を対象とする建築の専門家も実際に町家に住んでいないことが多く、町家暮らしに付随する問題の対処法が分からないことが多々ある。このため、町家の居住者は、自分自身で直面する問題を解決する必要に迫られる。ここでは、主に九条町家での暮らしの中で出てきた問題を中心にその対処法を具体的に紹介することにしよう。

8.1 ケラバ切断の後始末

ケラバは生活の知恵ということを体験したのは、東側隣家が解体され、ゲストハウスとして四階建軽量鉄骨造りの建物に建て替えられた後である。このように、隣家が解体され、ケラバが切断されると新たな問題も発生する。

隣家の解体作業中と新しい建物の建築中に二度火袋（吹き抜け空間）の土壁を破られるという出来事が起きたのである。それは大変なことではあったが、後述する問題に比べれば、それほど深刻ではなかった。

その補修には、穴の開いた個所が床から四メートルほどの高さの場所だったので、足場を組む必要があった。朝九時に足場業者が来て足場を組み上げ、続いて左官職人が来て土壁を補修し、左官の仕事が終わると、待機していた足場業者が足場を撤去して帰るという作業を、穴埋め、中塗り、仕上げ塗りという左官の工程ごとに三回繰り返したのである。当然、左官工事は補修箇所が乾かないと次の作業ができないので、完了まで一か月ほどかかることになった。

しかし、ケラバ切断後に起きた出来事の方がより深刻であった。まず、雨が強く降ると、隣家との隙間（幅五〇cm程）に落ちた雨水がこちらの庭に小川のように流れ込んできたのである。この原因は、隣家のグランドレベルが高いことによって、雨水が低いこちらの敷地へ流れてきてしまうことにあった。このため、隣家のグランドレベルを下げてもらうことで、とりあえず解決できたように見えたが、ほどなく、玄関土間に雨水が浮き上がるという思いもしない現象が起きてしまった。

隣家の所有者に来てもらうと、濡れた土間を見てすぐに天井を見上げたように、天井からの雨漏りと思うような濡れ具合であった。このような現象が雨の降るごとに起きるようになってしまったのである。

ケラバ：軒の高い方が越境して建物間の隙間に雨水が入るのを防ぐ

ケラバが切断された後の姿

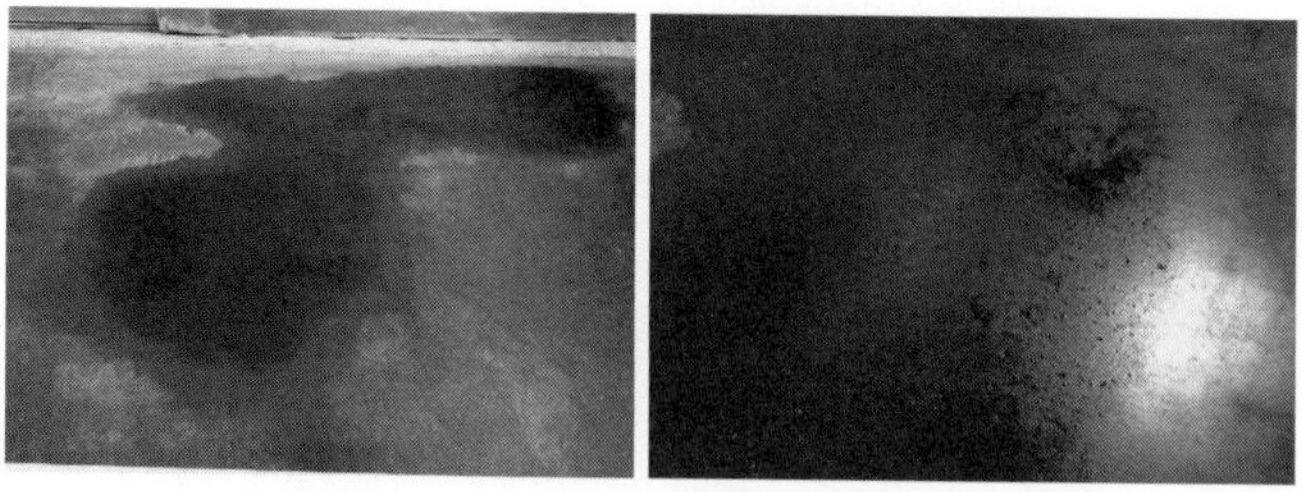

玄関土間に出来た雨水の痕跡とその表面の水滴

写真からもわかるように、表面に水滴のように湧き上がっているのである。この対策として、通路に落ちた雨水をそのままにしないで、排水溝（下水管）へ流すようにして多少の効果は感じられるようになったが、道路に近いところではそのまま道路へ流すようになっていたため、完全には解決したとは言えない。先方もこれ以上のことはできないとのことで、いわば泣き寝入りとなってしまった。

このように、ケラバが無くなって初めて、ケラバの効用を実感することになったが、ケラバ切断後の隙間に落ちた雨水の処理は十分に検討する必要がある。ケラバとは、雨水が建物の隙間に落ちて建物を傷めるのを防ぐ、都市に密集して生活する人々の知恵なのである。

この他にも、新たな建物の換気口の騒音（ゴーという低周波の音）問題が起きた。ゲストハウスの八室分の換気口（一部屋につき、室内用、キッチン用、風呂・洗面用の三つがある）合計二四個がこちら側へ開口していた。これを宿泊客がいないときにも二四時間稼働させていたので、庭に出たり、二階のガラス戸を開けると不快な音が響くようになったのである。苦情を言って客のいないときには止めてもらうことにして、ようやく静かになった。隣家の町家が解体され、新たな建物ができる際（こうした例が多いのは残念である）には、新しく建つ建物の換気口の位置にも注意が必要である。

さらに今年（二〇二四年）に入ってから、西側の看板建築の町家が解体されることになった。これで九条町家の両隣は町家建築ではなくなってしまった。そして、新たな問題が生じたのである。それは、西隣の建物がなくなったことで、道路の騒音が西側からも響いてくるようになったことである。また、西日がこちらの外壁に直接当たるようにもなる。恐らく今まで隣家が密着して建っていたおかげで、騒音や暑さ・寒さ、さらに湿気や風なども緩和されていたのであろう。ここでもケラバと同様に、町家には、都市に密集して暮らす生活の知恵があったことをまた実感したのである。

九条町家西側の町家が解体される

8.2 建具の調整

町家のような木造建築は、湿気で木が膨張したり、乾燥で収縮したりしている（木が呼吸している）ので、隙間ができやすい。ある時期に隙間を調整しても、しばらくするとまた隙間ができる。こうした隙間や木製引き戸の召し合わせの隙間を調整するには隙間テープを利用するのが便利である。また、戸車のある引き戸の場合には、戸車の調整でも隙間を少なく出来る。

引き戸は、時々滑りが悪くなることがある。この時に、活躍するのは、戸車と金属レールの場合には潤滑剤（例えば、商品名クレ5–56）、襖や障子のような敷居の場合には蜜蝋《みつろう》（例えば、商品名ブラインワックス）である。蜜蝋は、蝋《ろう》（蝋燭）引きよりもはるかに滑りやすくなる。蜜蝋は廊下に塗ると滑りすぎて危ないので止めた方が良い。

8.3 古建具の利用

町家の改修では、できるだけ残されている建具を再利用することが重要である。また、足りない建具は、解体される町家や古民家から再利用できる建具を見つけることをお勧めする。京都では、「古材文化の会」という組織があり、解体される町家や古民家の建具、その他の部材を格安で斡旋してくれるのでこれを利用するとよい。今回の改修でも、かなりの部材を斡旋してもらうことができた。また、京都の夷川には、こうした古建具を扱う建具店（井川建具店）もあり、改修にあたって足りない建具は、ここで調達することもできる。さほど高価ではないので、利用しやすい。最近では、ネットでも購入できる事例が増えているが、価格はかなりばらつきがあり、高価なものもあるので慎重に検討した方が良いだろう。

九条町家で、新たに木製ガラス戸に網戸を新設することにしたところ、新規製作は高額（一枚五万円ほど）になることが分かったので、古建具（障子）に網を貼ることを考えてみた。最も安価なのは、アルミの網戸を取り付けることであるが、町家にはふさわしくない。こうした古建具の再利用により四万円（二枚）ほどでできた。

大宮町町家では、華奢な大戸をより堅牢な大戸に替えたが、これは農家住宅から出たものを再利

古障子に網を貼り網戸とした

農家住宅の大戸を再利用した

門口の墨入りモルタルの変色

用したのである。これも一万五千円ほどで済んだが、これを新調しようとしたら、かなりの金額になったであろう。

8.4 墨入りモルタルの維持管理

町家の土間は、元来三和土であるが、改修時には墨入りモルタルで代用することも多い。雨のかからない箇所であれば、問題はないが、軒先などの外部では、降雨により徐々に墨が流れ出して、白っぽく変色してしまう。そうした場合には、文字通り墨（墨汁）で再塗装するが、雨水のかかる箇所には、油引き（例えば、エゴマ油）をしておくとよい。手間はかかるが塗るのも簡単で、経費もわずかである。

8.5 鎌錠という錠前

九条町家で暮らし始めて間もないころに、板戸の鎌錠が壊れてしまった。築八十年ほどの時間が経過しているので、金属も耐用年数を迎えているのであろう。鎌錠とは、引き戸につける鍵のことである。小さなハンドルを動かすと、回転して出てくる部分が鎌の形をしていることから鎌錠と呼ばれる。鎌の部分が柱側の建具枠の受け溝にはまるようになっているものである。

板戸の鎌錠

鎌錠を新しいものに交換することになるが、鍵の取り付けは、指物大工の仕事ということになっているらしい。指物大工とは、家具（箪笥など）を造る職人のことで、いわゆる大工とは区別されている。はたして、鎌状の交換は指物大工でなければ出来ないのだろうか？　大宮町町家の大戸にも鎌錠をつけ、大戸の潜り戸にシリンダー錠をつけることにしたのであるが、最初は、大工さんも指物大工の仕事ということで、難色を示していたが最終的には取り付けてもらうことができた。大工さんでもできるのである。

九条町家の鎌錠については、自分で交換してみることにした。既存の穴を利用するのであれば、できるのではないかと思ったからである。ただ、約八十年前の鎌錠と同様なものが現在入手できるかという問題があった。聞くところによると、京都の「室金物」（五条壬生川）で大概の木製建具の金具は入手できるとのことだったので、探してみたら見つけることができた。若干寸法が違っていたが、ノミも使わずに、カッターナイフで木部を削ることで交換することができたのである。

8.6　簾の問題

京町家の外観を特徴づけるものの一つが簾《すだれ》である。簾には、ヨシ簾と竹簾がある。使ってみるとそれぞれ一長一短があることが分かった。一般に多く使われているヨシ簾は、ハチ（雌のクマバチ）が寄ってきて、筒状のヨシの中に卵を産むという問題がある。しかし、梅雨時でも、ヨシが筒状になっているためか、カビは生えない。ヨシ簾はハチが寄ってくるので、竹簾に替えたところ、確かにハチは寄ってこなくなったが、梅雨時にはカビが生えるという別の問題が出てきたのである。耐久性に違いがあるかどうかはわからないが、簾を選ぶときにはこうした点を知っておくとよい。大宮町町家では、竹簾を縁側や部屋の窓に用いた。

8.7　柿渋による塗装

町家の木部に塗る塗料としてよく用いられるのは柿渋塗料である。柿渋は防水、防虫効果があるとされ、広い面積を塗装するのに適している。独特な匂いは数日でなくなる。

木部も経年変化で、白っぽくなっている場合（白化現象）がある。このような場合も柿渋塗料を塗ると木の色が復活する。また、洗い屋さんから教えてもらった方法として、油（例えば、エゴマ油など）を少量しみこませた布で拭くというやり方もある。洗い屋さんが水洗いした後、木部が白っぽくなることが時々あるが、こうした時に行う方法とのことである。

漆喰壁や聚楽壁の汚れも暮らしていると起きてくる問題の一つである。この原因は、主として、鳥やヤモリの糞のようである。ヤモリも気づかないうちに室内に侵入して、聚楽壁に糞を残していく。こうした場合は、乾いてから、目の細かい紙ヤスリ（八百番程度）で軽くこすると良い。

8.8 小動物の問題

町家に暮らしていると、ムカデが室内に出てくることがある。殺虫剤よりも、掃除機で吸い取るのが最も簡単かもしれない。また、庭にモミジを植えてある場合には、毛虫（イラガの幼虫）が発生することがある。外見は小さく、かわいらしい感じではあるが、刺されると、ぴりっとした痛みがあり、そのあとに鈍痛と強烈なかゆみが襲ってくる。直接刺されなくとも、毒液をかけられると同じような症状が現れる。こうなると皮膚科を受診して、手当をしてもらわないといけなくなる。こうしたことを防ぐには、普段からよく観察して、芽吹く春先から、殺虫剤（例えば、商品名オルトラン）をモミジの根元に散布しておけば、ある程度は予防することができる。町家の暮らしには、こうした庭の植栽にも気を配る必要があるのである。

野良猫の嫌がらせ？：「5.3小動物対策」の項（64頁）で述べたように、虫の問題よりも、野良猫やネズミ、あるいはイタチやハクビシンのような小動物の方が厄介である。幸いなことに、イタチやハクビシンは姿を見せていないが、先の本で述べたように、野良猫との戦いは続いている。今まで出没していた野良猫が姿をみせなくなったと思ったら、今度は新たな野良猫が現れて問題を起こすのである。

通り庭の先（屋外）に生ごみ用の蓋つき容器を置いていたのであるが、ある時、野良猫が容器の中の生ごみをあさるということが起きたのである。蓋の上に煉瓦を置いて、簡単に蓋を開けられないようにしたところ、容器ごと倒されて荒らされてしまった。このため、容器を玄関土間へ移さざるを得なくなり、これで野良猫の生ごみあさりの問題はなくなったが、この問題には落ちがあった。容器がなくなったことへの腹いせなのであろうか、その場所に糞がしてあったのである。いやはや猫の嫌がらせとは？！

ネズミ一家一網打尽！：ある年の冬（二月頃）に、一階の居間で、夕方、ガスストーブをつけると天井裏からネズミの走る音が聞こえてきた。どうやらストーブの真上は温まっているために、暖を取りに来ているようであった。天井裏（天井裏と二階の床組の間）を覗いてみると、新たに開けられた穴があり、そこを通って、隣家から侵入してきているようであった。そこで、穴の下に捕獲用粘着シートを置いてみたが、簡単には捕獲できなかった。これには、他にも侵入口がある可能性もあり、何よりもネズミなどの動物は環境の変化に敏感なので、新たに設置したシートを避けた可能性もある。先の本で紹介した行動の原理（人や動物は自身の行動の結果に敏感である）に基づく方法（伊藤、二〇〇五）、すなわち、足音が聞こえたら、こちらから何らかの音を立てたり、猫の鳴き声を出したりすることを試みたが、その時は一時的に静かにはなったが、しばらくすると再びまた足音が聞こえるようになり、今回は簡単には解決しなかった。

そうこうしているうちに、通路に置いてあった肥料（発酵油粕）の袋にネズミの齧り跡があるのを発見した。そこで、粘着シート（高儀製、粘着ねずみとりシート 防水ブック型）の中心部に油粕のかけらを置き、通路に置いてみた。また、油粕を吊り下げた金属製捕獲器も置いてみた。すると、翌朝、この粘着シートの上に子ネズミが七匹も捕獲されていたのである。その日の夕方に、粘着シートを処分（粘着シートは半分に折って捨てられるようになっている）しようとしていたら、背後で捕獲器の扉が閉まる音がしたので、見ると大人のネズミが捕獲されていたのである。よく見ると母親のようで、子どもたちの様子を見に来たようである。その後もしばらく粘着シートと金属製捕獲器を置いていたが、何も捕獲できずに一か月ほど経過したある朝、今度は雄のネズミが金属製捕獲器に捕獲されていた。

このようにして、ネズミ一家を一網打尽にできたのである。何を食べているかが分かれば、粘着シートや金属製捕獲器で捕獲することができる。それから二年以上経過したが、天井裏は静かで、ネズミやその他の小動物の気配は全くない。

9. 京町家暮らしの愉しみ方

先の本でも述べたが、町家暮らしの愉しみは、座敷と座敷飾り、奥庭と植栽の二つの側面がある。座敷と座敷飾りの魅力の源泉となっているのは、障子や御簾が生む隠翳《いんえい》の価値であろう。また、奥庭と植栽の魅力の源泉も、やはり深山幽谷《しんざんゆうこく》という言葉が表すような植栽が生み出す隠翳の価値に帰着するであろう。

9.1 陰翳礼讃：障子や御簾が生み出す光と影を愉しむ

先の本で述べた町家暮らしの愉しみの源泉をここでもう一度引用しておこう（伊藤、二〇一六）。日本家屋の座敷の美とは何か。また、その美はどこから生まれるのか。谷崎潤一郎は、『隠翳礼《いんえいらい》讃《さん》』の中で、こうした問いの考察を行っている。谷崎は、初めに、寺院の厠こそ、薄暗い光線と苔の匂いを嗅ぎながら静かに瞑想にふけることの出来る至福の場所であることを指摘し、薄暗さと静けさこそがその要件であるという。日本家屋では、座敷から先に廊下や縁側を出し、そこへ庇を深くさしかけ、光を座敷から遠ざけるような造りになっている。そして、庭からの光は、障子を透かしてほのかな明るさとなって座敷に忍び込んでくる。この間接の鈍い光が座敷の美の要素であり、「日本の座敷の美は全く陰翳の濃淡に依って生まれている」と断言している。

障子は、和紙を通したほのかな明るさの光を座敷に届ける働きをしている。それが雪見障子であれば、障子を上下に動かすことで、明るさの調節ができる。夏季になれば、建具替えにより、障子が外され、そこに御簾《みす》が吊られる。これが夏の室礼《しつらい》である。御簾は、障子の和紙よりは粗いので、より明るい光が座敷に入るが、それでもそこにわずかな陰翳のグラデーションが生まれる。こうした鈍い光が襖のキラ刷り唐紙に反射し、文様を浮き上がらせ、あるいは無地に見えるように文様を消すのである。一日の光の変化で、座敷の襖は、様々に表情を変える。こうした襖の表情の変化を味わうのは、町家暮らしの愉しみの一つであろう。

9.2 座敷飾りの魅力：美術品・工芸品を飾って愉しむ

町家暮らしの愉しみの一つは、座敷に設えられた座敷飾り（床の間と違い棚）の使い方である。床の間と違い棚は、美術品や工芸品を飾るための特別な空間として造られた、日本建築の特徴の一つである。床の間を造る十分なスペースがない場合には、簡易床という床の間（床柱は天井からわずかに下がるだけで省略され、畳の上には台を置く）を造る場合もある。

欧米では、居室の壁に所狭しと、絵画を飾るのが一般的である。美術館でも同様で、壁一面に多数の絵画が展示されている。以前、英国のテート美術館（Tate）を訪ね、ミレイの描いた「オフィーリア」の画を見ようとして、その展示室を何度も行ったり来たりしてしまったことがある。ようやく見つけることができたが、思いのほか小さいので、周りの多数の作品に埋もれて、見つけられなかったのである。

大宮町町家と九条町家の座敷飾り：大宮町町家の座敷飾りは、平書院の床の間と違い棚から構成されている。違い棚の上部と下部にはそれぞれ天袋と地袋が設けられ、戸襖には金箔が貼られている。明治期以降には、町家の座敷飾りも二重の垂れ壁を設けたり、出書院にしたりと豪華に造る場合も出てくるが、これは茶室のような比較的質素な造りになっている。一方、九条町家の座敷飾りは、出書院や二重の垂れ壁など豪華な造りになっている。

戦後から始まった住宅の洋風化は、住宅から座敷と床の間を消しつつあるのは大変残念である。ただ、京都では、東京、大阪、名古屋などの大都市と異なり、戦時中の大規模な空襲がなく、多くの町家が現存していることは、偶然の結果（京都は原子爆弾（原爆）投下の候補地の一つであったので、

大宮町町家の座敷飾り：平書院の床の間、床柱は黒柿、違い棚部分の天袋と地袋の戸襖には金箔が貼られている

九条町家の座敷飾り：出書院の床の間、床柱は桧の四方柾目、二重の垂れ壁、違い棚部分の天袋の戸襖には金箔が散らしてある

原爆の効果判定のために通常爆弾による大規模な空襲を行わなかったという）とは言え、大変貴重である。

最近、古民家改修が一つのブームだという。確かにネットで探すと、かなりの数の動画が見つかる。その動画を見てみると、古民家の大きな梁の魅力には言及していても、床の間の魅力について言及している例はほとんどない。むしろ床の間を解体している事例が多いのは大変残念である。また、京町家の改修事例でも、床の間を活かした改修がされていないこともある。先日も、京町家改修を取り上げたテレビ番組を見ていると、床の間は跡形もないものになっていた。

京町家キャンパスの意義：こうした背景には、最近の若い人たちが床の間を見たこともなく、知らないことがありそうである。そのような背景があるからであろうか、京都の大学では、町家キャンパスと称する町家を持ち（多くは賃貸）、直接的には、地域貢献や新たな人々の結びつきを生む場所として、間接的には、建築、歴史、茶会などの日本文化を知るための研修施設として使っているようである。

いつぞや、某大学の町家キャンパスでまちセン（京都市景観・まちづくりセンター）企画の集まりに参加した折、大学の担当者が最近の学生は床の間のことを全く知らないと嘆いていた。その時に、床の間に目をやると、そこは何も飾られていない、ただの空間となっていた。こうした研修施設であればこそ、床の間に掛け軸や生け花を飾り、床の間を含む座敷飾りの意味を学ぶ機会にすべきであろう。ボランティアで生け花を飾ってくれる人はいるであろうし、掛け軸も本物ではなくとも、工芸品という印刷物であれば安価に入手できるので、限られた大学予算でも用意することはできる。何も飾っていなければ、この空間がどのようなものかを知ることもできない。「掛け軸や生け花を飾って見せる必要があるのでは」という意見を述べたことがある。

座敷飾りの魅力発信：九条町家でも、町家見学を兼ねて、「座敷飾りの魅力再発見」というタイトルで五回にわたり、江戸絵画の花鳥図、山水図、美人図、和歌、やまと絵などを座敷の床の間に飾って鑑賞するという企画を行ってきた（九条町家の床の間は三か所あり、一度に三幅の掛け軸を飾ることができる）。これらの見学会の一部は、まちセンの町家再生セミナーとして実施されたものでもある（京まち工房、六八号、二〇一四）。

花鳥図は、駒井源琦《こまいげんき》（円山応挙の弟子）、佐伯岸駒《さえきがんく》、梅丘（鏑木梅渓《かぶらぎばいけい》の弟子）の作品、山水図は、清原雪信、駒井源琦、長安義信《ながやすよしのぶ》（赤穂藩御用絵師）の作品、美人図は、鳥文斎英之《ちょうぶんさいえいし》、月岡雪鼎《つきおかせってい》、雲《うん》臥《が》（葛飾北斎の弟子）の作品、和歌は、後花園天皇宸翰《しんかん》、土佐光貞の作品、やまと絵は、住吉廣定（江戸に上った土佐派）、渡辺清（復古やまと絵派）の作品などを順次取り上げてみた。その様子は、朝日新聞社の関西スクエアにも取り上げてもらうことができた（関西スクエア、No. 166、二〇一四：No. 187、二〇一六）。

こうした軸装された絵画は、この企画のように、本来、床の間に飾られて鑑賞されてきたものである。現代では、美術館で鑑賞することが一般的になってしまったのは少々残念ではあるが、本来の姿で鑑賞する機会を設け、改めて座敷飾りの魅力を再発見する機会になったと思っている。

9.3 庭の魅力：市中山居を愉しむ

町家の庭についても、庭屋一如《ていおくいちにょ》という言葉があるように、庭と座敷とは一体のものである。座敷から眺める庭の風情、季節ごとの植栽の変化、植栽だけではなく、庭に設えた石灯籠や景石、沓脱石、手水鉢などを愛でるのも町家暮らしの愉しみの一つである。市中山居とは、文字通り、町中にいながら山中にいるかのような庭の風情を言い表している。こうした風情を醸し出すのは、庭の植栽（特に、羊歯《しだ》や苔）と景石などの石組である。

九条町家と大宮町町家の庭：九条町家の庭は、鎌倉期と思しき六角石灯籠を中心に据え、鞍馬石の沓脱石、白川石と呼ばれる花崗岩の伽藍石や貴船石の景石などが配置され、京都の北山の景色を模したものとなっている。二重の基壇の上に立つ六角石灯籠は、奈良の般若寺《はんにゃじ》の石灯籠の形式で、よく見られる春日灯籠とはかなり趣が異なる。様々な点で異なっているが、例えば、春日灯籠は、火袋（灯りを灯す部分）の側面に必ず鹿が彫られている一方、般若寺形石灯籠では、鹿ではなく、獅子や鳳凰が彫られているという相違がある。般若寺形石灯籠の本歌（本物）は、現在、般若寺にあるものではなく、東京目白の椿山荘の庭園に設えられている石灯籠であるらしい。何とも不可思議なことである。

先日、奈良の般若寺を訪れて、住職にお話を伺ったところ、江戸時代には境内に多くの般若寺形石灯籠が点在していたが、明治維新後の「廃仏毀釈」により、これらの石灯籠を売却せざるを得なかったようである。その一つが山県有朋により椿山荘へ移築されたとのことであった。また、現存する石灯籠は、明治期に竿と笠を作り直したとのこと。これで一つの謎が解けた。

大宮町町家では、先に述べたように、北と南に庭があり、専用通路部分も含めれば、三か所になる。北庭には、円形の蹲と埋め込み（活け込み）式石灯籠を据え、南庭には、春日灯籠と既存の棗

九条町家の庭に据えられた鎌倉期と思しき般若寺形石灯籠と貴船石の景石

大宮町町家の南庭に据えられた江戸期と思しき般若寺形石灯籠

大宮町町家の北庭（杉苔とハイ苔が混生した自然の苔が美しい）

専用通路（左側が水路）から門を見る

設置前の庭（左）と設置後の庭（右）

型手水鉢を据えた。通路部分には、北庭に据えられていた寄せ灯籠を移設し、通路の片側にはせせらぎ（水路）を造った。

石灯籠の不思議な力：「7．13造園工事」の項（97頁）で述べたように、庭には何らかの形の石灯籠が不可欠である。石灯籠があるのとないのとでは庭の雰囲気がかなり変わる。不思議なことではあるが、石灯籠が持つ、庭の雰囲気を引き締め、格調を高める作用なのであろう。

先日、隣家の解体で出た、造りの良い埋め込み（活け込み）式石灯籠を九条町家の庭の隅に据えてみたところ、このことを強く実感した。写真からもその雰囲気の違いが分かるであろう。

9.4 町家暮らしを彩る小道具

座敷に設えられた床の間と違い棚（座敷飾り）は、美術品・工芸品を飾る特別な空間なので、これらの場所に飾る様々な古道具が必要である。もちろん、好みで、現代のものを飾ってもよいであろう。私は、江戸期の雛人形や江戸絵画が好きなので、これらを床の間や違い棚に飾り、愉しんできた。

江戸期雛人形を愛でる：雛人形を飾って愉しむ雛祭りの行事は、穢《けが》れを人形《ひとがた》などの形代《かたしろ》に移して、川や海に流す祓《はら》いの風習と公家の子女の「ひいな遊び」が融合したものと言われている（切畑、一九九八）。公家や武家の行事が、江戸中期頃には庶民にも広がったもののようである。その伝統は、現代にも受け継がれているが、江戸時代の方がはるかに隆盛だったといえる。かつては、上巳《じょうし》の節句（旧暦三月三日）以外にも、重陽《ちょうよう》の節句（旧暦九月九日）にも雛人形を飾る風習があったことからもわかる。上巳の節句は子供の雛祭り（女子の健やかな成長を祈る）であり、重陽の節句は大人の雛祭り（長寿を祝う）として位置付けられていたのである。

大型の有職雛（狩衣姿）と貝桶

雛人形は、立雛から座り雛へと変遷してきたようであるが、座り雛も、有職雛《ゆうそくひな》（公家の装束を忠実に再現した公家の雛）、鉤鼻とおちょぼ口を特徴とする次郎左衛門雛《じろうさえもんひな》（公家や大名家に好まれた）、能面のような頭《かしら》の享保雛《きょうほうひな》（町衆好み）とそれに先行する寛永雛《かんえいひな》、安永年間（一七七〇年代）に江戸で大流行した、写実的な頭の古今雛《こきんひな》（町衆好み）などに区分されている（切畑、一九九八：是澤、二〇〇八）。現代の雛人形は、古今雛の流れを汲んでいる。

江戸時代には、豪華で大型の雛人形がその家の財力を象徴するものでもあった。例えば、江戸時代に、染色用のベニバナで財を成した東北北部（現在の山形県河北町あたり）の商家には、豪華な享保雛が残されている。こうした、豪華で大型の享保雛はあまり現存していないので、人形専門店で購入しようとすれば、希少性ゆえに、一対で一〇〇万円単位の金額になるようである。

江戸絵画の花鳥風月を愛でる：江戸時代に活躍した絵師といえば、狩野元信《かのうもとのぶ》を祖とする狩野派の絵師をまず思い浮かべるが、狩野派や朝廷の絵師であった、土佐光起《とさみつおき》をはじめとする土佐派の御用絵師を頂点に、そのすそ野には多くの町絵師たちが存在した。当時、経済力を持った町衆の家には質素ながら床の間があり、多くの町絵師たちが、町衆たちの需要にこたえていたのである。こうした町絵師の中から、美術史上の評価が高い円山応挙《まるやまおうきょ》（一七三三年～一七九五年）や伊藤若冲《いとうじゃくちゅう》（一七一六年～一八〇〇年）などの絵師が出てくるのである。

私は、細密な描き方の画が好きなので、江戸中期（享保一三年、一七三一年）に来日して、三年間長崎に滞在した、中国清代の画家、沈南蘋《しんなんぴん》（一六八二年～没年不詳）の写実的で濃色な色彩の流れをくむ画（長崎派とも呼ばれる）を中心に集めてきた。江戸絵画は、沈南蘋の画風の影響が大きいといわれているが、円山応挙や伊藤若冲もその影響を受けた絵師の一人である。

ここに挙げたのは、円山応挙と同時代に京都で活躍した佐伯岸駒（一七五六年～一八三九年）の「巌上孔雀図《がんじょうくじゃくず》」である。孔雀図といえば、応挙の孔雀図が有名であるが、京都の相国寺《しょうこくじ》が所蔵する孔雀図と見比べると、応挙の孔雀図は、端正なたたずまいで静的な印象を与えるのに対し、こちらは巌の上で見栄を切るような強い動的な印象を受ける。

この作品は、良質な岩絵具や金泥を用いて描かれており、当時は、かなり高価なものであったと思われる。高価であるがゆえに、悪評も立ったといわれているが、京都で互いに競い合っていたと

佐伯岸駒「巌上孔雀図（部分）」左側は主題の孔雀、右側は画の下の端部分。「雅楽助岸駒」という落款から 1785 年以降の作品である

いうエピソードからも、応挙との違いを意図して描いたのかもしれない。孔雀という主題ではない画の端部の描き方に着目すると、文鳥らしき鳥が視線を向けている先にはバッタが描かれている。また、萱草《かんぞう》というユリ科の植物も丁寧に描かれている。この例のように、本物の画は細部までおろそかにしないで描かれているのである。

円山応挙や伊藤若冲などの美術史上の評価の高い絵師の作品は、個人では、なかなか手が届かないものなので、別の観点から考えてみるとよい。つまり、美術史上の評価とは異なる視点で「好き」な絵画を探すのである。例えば、江戸期には、三〇〇を超える藩があり、多くの藩が絵師を雇っていたので、こうした御用絵師たちに注目してみるのである。彼らは、美術史上の評価は高くなくても、絵師としての力量は高く、十分に鑑賞に値する作品を残している。こうした作品であれば、比較的安価で入手しやすい。

その一例として、米沢藩御用絵師の佐藤雪斎《さとうせっさい》（生没年不詳）の描いた「双鶏《そうけい》図」を挙げておこう。つがいの鶏と庚申薔薇が細密な筆致で描かれ、絵の下部には、雄鶏の視線の先にバッタと露草も描かれている。初秋の景

佐藤雪斎「双鶏図」

目賀田文信「鶉図」

色であろう。鶏といえば、伊藤若冲が描いた鶏図が有名であるが、それらと遜色のない優作である。表装も金襴裂を用いた上質なもので、表装も含めて観賞価値の高い作品といえる。

　もう一つ例を挙げてみよう。目《め》賀《か》田《た》文《ぶん》信《しん》（生没年不詳）の「鶉《うずら》図」である。目賀田文信は、江戸後期に活躍した町絵師谷文晁《たにぶんちょう》（一七六三年～一八四一年）の弟子の一人である。作画期は、天保期（一八三〇年代）から明治初期頃らしい。鶉に朝顔、藤袴、薄が細密な筆致で描かれた優作である。鶉といえば、土佐派の画題の一つであるが、それに引けを取らない、観賞価値の高い作品といえる。この掛け軸は、京都寺町の美術商から数万円で入手したものである。

後花園天皇宸翰記「紫式部和歌」鳳凰と桐文様の最上手金襴表装が施されている

掛け軸の表装を愉しむ：江戸絵画は、軸装（掛け軸の形）されていることが多いが、画を掛け軸の形にすることを表装という。表装は西洋画の額縁に相当するもので、上手の作品には、上質な表装が施されている。こうした表装は、作品を引き立てるためのものであり、表装用に選ばれた裂自体（金襴裂や錦の裂）も美しいものである。掛け軸は、作品そのものはもちろんであるが、表装自体も観賞する価値があり、作品と合わせて愉しむことができる（池、二〇一三）。

真贋の見分け方：こうした作品は、ネット・オークションでもよく見ることがある。骨董店での購入ではない場合は自分で真贋《しんがん》の判断をしなければならない。最も、骨董店でも贋作をつかまされることはあるようではあるが。ネット上の写真だけで判断することになるので、結構難しい。私なりの真贋の判断の注意点としては、（1）有名な絵師の名前に騙されない、（2）絵の細部、特に主題から外れた周辺部の描き方を見る、という点である。こうした贋作は、絵の主題を似せることに腐心はするが、周辺部は手抜きになることが多いからである。また、（3）さほど有名ではない絵師の贋作はあまりないとも考えられる。さらに、模写であっても書き込みの良いものであれば、十分に鑑賞する価値があるのである。

ネット・オークションでは、有名絵師の贋作があふれている。戦前に贋作を売りまくっていた業者がいたらしく、軸箱に「○○美術院」なる札と「真蹟保証」という札が貼られた作品が、巡り巡って多数出品されていた。これらを見て言えることは、いずれも有名絵師の名前を騙ってはいるが、絵は下手で、周辺部は全く手抜き状態であるということである。もちろん、良質な岩絵具を使っていないので、画は全体に暗く、薄っぺらな印象を受けるのである。

京都の商家では、家の跡継ぎには、良いものをたくさん見るようにという家訓があると聞いたことがある。美術品や工芸品の良し悪しを判断するには、こうした経験が重要なのである。美術館や博物館の展覧会には機会があれば出かけて、良い作品を多く目にすることが重要である。こうした経験があれば、写真だけでも十分に真贋の判断はできる。先に述べたように、名前は知られていなくとも、

加納晴雲「雁置物」（著者撮影）

景石（貴船石）に置かれた銅製の蟹と蛙

描き込みの良い作品を入手すれば、床の間に飾って愉しむことができるのである。

美術館や博物館に出かけると、予期せぬ偶然の出会いも起きる。先日も新たに公開されるようになった皇居三の丸尚蔵館を訪れたら、そこに義祖父の鋳金作品「雁《がん》置物」が皇室ゆかりの美術品として展示されていたのである。これには大変驚いたが、先の本（伊藤、二〇一六）でも紹介した「蔬菜《そさい》置物」（東京国立博物館蔵）と同様な繊細な作風の作品に出合えてうれしくもあった。

庭の景色を彩る置物： 庭の景石には、銅製の蛙や蟹などの小動物、鉄や銅製の灯籠、あるいは石仏その他の石造物が置かれることもある。これらは庭を彩る小道具である。こうした小道具を庭に飾ることも町家暮らしの愉しみの一つである。

ある朝、いつものように庭に面した雨戸を開けると、景石の上に置いてあった銅製の蛙が庭の土の上に鎮座しているのを見つけた。一瞬、本物の蛙が現われたのかと思ってびっくりしたが、よく見ると銅製の蛙であった。恐らく、庭に侵入した野良猫が写実的な銅製の蛙を本物と間違えて、手で払ったため地上に落ちたのであろう。

9.5　町家暮らしを彩る小道具の入手法

こうした小道具は骨董店やネット・オークションで購入できるが、一般には、専門店は高価である。安価で入手するには、そのものの価値をよく知らない業者から買うというのが一つの方法である。

小道具を安価で入手するには：以前に、ある骨董祭で、古伊万里の染付筒型猪口を持ってきていた業者があった。一見すると、江戸中期ぐらいの染付の猪口ではないかと判断して、値段を聞くと、江戸幕末頃のものだから一客五千円とのこと。そこで、完品（傷のないもの）は三客しかなかったので、三客を値段交渉の結果、一万円ほどで購入したのである。

後に、知り合いの骨董商に見てもらったところ、やはり江戸中期（享保期頃、一七三〇年代）の猪口ということであったので、こちらの判断にお墨付きをもらえた。さらに、こうした場合は、傷物も含めて全部買った方が良いというアドバイスも受けたのである。その理由は、傷物でも残っていると、その本当の価値が後に判明することがあるので、それを避けるためとのこと。はたして、後日、大阪の老舗美術商の展示ケースに全く同じ染付筒型猪口を見つけた。値段を見ると、一客四万五千円の値札が付いていたのである。

値段交渉の愉しみ：骨董の世界では、値段はあってないようなものである。売りに出されるということは、不要になったからでもあり、その骨董品がどのような値段になるかは、売り手と買い手の関係で決まるのである。売り手と買い手の関係とは、直接相対したやりとり、つまり値段交渉のことである。

売り手側の常套句の一つに「これは売り物ではない」というものがある。こう言われると、買う側がさほど気に入ったものでなければ、ここで交渉は終わってしまうが、気に入ったものである場合、買う側は下手に出ざるを得ないことになる。ここで買い手の立場は弱くなる。これは駆け引きの一例であるが、こうした駆け引きは、骨董品入手の別の愉しみでもある。

ネット・オークションの功罪とリスク：こうした交渉がない、ネット・オークションの場合は、買い手としてどの程度の金額まで出せるかを考えて入札することになる。その意味では、交渉のわずらわしさがなく、簡単である。しかし一方で、現物を見ることなく、写真だけで判断するというリスクがある。写真は、現物よりもよく見えることがあるからである。それだけではない、後述するようなネット・オークション特有のリスクもある。

インターネットの発展は、骨董の世界や古書の世界を劇的に変えたといっても過言ではない。学生の頃、古本屋を訪ねても、お目当ての本が見つかることは稀であり、たいていは単なる時間潰しになってしまうことが多かったという記憶がある。ただ、そのような場合でも予期せぬ本との出会いもあり、そのことが古本屋通いの愉しみでもあった。また、骨董の世界も、骨董品を入手しようとすれば、店に出向かなければ骨董品との出会いもないことが普通であった。それが、インターネットにより、全国、いや海外からも容易に、しかも瞬時に、どの店にどのような本や骨董品があるかが分かるのである。このことは、インターネットの本質的特徴である時間と空間の制約を無くすという利点そのものである。

以前に、何度かネット・オークションで骨董品を落札したことのある、九州の有名な観光地にある骨董店を旅行のついでに訪ねたことがある。その店は、目抜き通りの裏にひっそりと一軒だけぽつんとあった。なるほど、骨董街で多数の店が並んでいるならともかく、この地まで骨董品を探しに訪れるのはよほどのことであると感じたのである。インターネット出現以前には、こうした店に労をいとわず足を運び、骨董品との出会いを求める愉しみ方があったのであろう。現在でも骨董店を実際に訪ねるのは、こうした偶然の出会いを求める愉しみのためである。

ネット・オークション全盛の現在、骨董品の入手にあたって、ネット・オークションの仕組みとリスクについて十分理解しておくことが必要であろう。オークションとは、「競り」のことである。入札者が一人であれば、値段は上がらないが、入札者が多数いて、しかも誰もあきらめなければ、それに伴い値段がどこまで上がるのかわからなくなるのである。つまり、ネット・オークションの心理学を知り、学ぶことが重要になってくる。心理学では、こうした場面を「不確実状況における意思決定」の問題として研究している。かくいう私もネット・オークションを始めたばかりのころ、ある骨董品を落札しようとして気づいたら、とんでもない金額になっていて、愕然としたことがあった。幸いにも落札できなかったので、ホッとした安堵の気持ちと落札できなかった口惜しさの入り混じった複雑な気持ちを味わうことになったのである。ここに、ギャンブルにはまるのと似たリスクが潜んでいるのである。

終わりに

九条町家を改修して、暮らし始めて十数年が経過した。その間に、町家保全活動の一環として、町家の公開を兼ねて、「9．4町家暮らしを彩る小道具」の項で述べたように、「江戸期の雛人形」公開や「町家の座敷飾りの魅力」について様々な企画を行ってきた（京まち工房、六八号、二〇一四：八九号、二〇一九）。こうした活動が評価され、京都市の令和元年（二〇一九年）度京都景観賞京町家部門の優良賞を受賞したのは望外の喜びである。この賞は、「望ましい修繕・改修をされた京町家」、「京町家の知恵を受け継いでいると認められる新築等の建物」、さらに「京町家における生活文化を継承した住まい方を実践する個人または団体」という三つの部門からなっている。こうした生活文化に関わる活動が評価されたことは、本書の冒頭でも述べたように、京町家の保全には生活文化の側面が欠かせないことの証左でもある。本書のタイトルに「京町家再生」と入れたのも、建物の改修だけではなく、町家の暮らしを含めてのことである。

こうした活動だけではなく、朝日新聞社の関西スクエアでの京町家の魅力と現状報告（伊藤、二〇一四、二〇一六）や心理学ワールド（日本心理学会広報誌）での町家暮らしの紹介（伊藤、二〇二〇）、この他に、水野克比古氏の京都名所カレンダー（光村推古書院、二〇二〇年度版）に取りあげられたこと、ＮＨＫのテレビ番組「京コトはじめ」で九条町家の庭が紹介されたことなどは、京町家の魅力の発信になったと思っている。このように、先の本と今回の本で述べた京町家暮らしの愉しみ方、京町家暮らしの魅力の発信が京町家の保全に少しでも繋がれば、これほどうれしいことはない。

今回、町家の改修に再び携わる機会が巡ってきたが、こうした経験を通して、京町家の知識、特に、京町家に関わる建築的側面と生活文化的側面の理解が一層進んだように感じられる。そのことを今回の本にまとめてみたつもりである。京町家の居住者やこれから京町家に住みたいと考えている人に役立つことがあれば幸いである。

京都市の京町家条例の制定以降、京町家カルテ事業を始め、京町家の保全に、様々な施策が行われるようになった。その一つは、京町家条例の事業（京町家カルテや京町家プロフィールなど）に関連させた京町家の取得や改修費用の融資の道が開けたことである。大手銀行では、今回のような築百年前後の住宅物件の住宅ローンはまず不可能であるが、京都の信組や地方銀行のホームページを見ると、「京町家」をうたった住宅ローンの案内が出ている。これらは、特に、さほど財力がない若い人たちでも住宅ローンを組んで京町家の取得や改修を可能にすることができる新しい施策なので、大変喜ばしい。しかし、実際に銀行に聞いてみると、融資した実績はかなり少ないようである。今後はこうした住宅ローンの拡充が京町家の保全の課題の一つであろう。

最後にもう一つ述べておこう。京都の町家とそこでの暮らしを愉しみつつ、京都に十数年暮らしてきたからと言って、京都人ということにはならないことは十分承知している。あくまでも「よそさん」である。以前、京都に住み始めてしばらくしたころ、岩倉の実相院門跡を訪れたあと、バスを待っていると、中年の男性にどこから来たのかと尋ねられたことがあった。自分では京都になじんだつもりでいたのだが、風体が京都になじんでいないように思われたからなのであろうか。

そのような質問を受けるとは不本意なことであったが、そういえば、今から半世紀ほど前になるが、東京から大阪に来たばかりのころの出来事を思い出した。休日に大阪環状線に乗っていたら、西九条あたりで、斜め前に座っていた「おっちゃん」から指差されて、「お前は巨人ファンだろう」と言われたのである。その当時は阪神ファンだったので、心外に思ったのであるが、その「おっちゃん」から見ると大阪人とは異質な風体に感じられたのであろう。

京都人は、先の本でも言及したように、自分たちの町の良さについて、ほとんど認識していないようである。特に、京町家については、「ただの古家」としてしか認識していないようで大変残念である。身近なものには気づかないという「灯台もと暗し」ということなのであろう。先日も町家の改修現場見学会に参加したおり、その町家の所有者と話をしてみると、まさにこのような「ただの古家」という認識しかなかったようである。

最も、京町家保全の契機となったのは、東京の篤志家からの寄付金であったことからもわかるように、京町家の価値をいち早く認識していたのは、ほかならぬ「よそさん」なのである。こうした「よそさん」の一人である私がまとめた京町家改修に関する本書が、京都人の気づかない町家の良さや町家暮らしの愉しみ方を知るきっかけになり、京町家の保全に何らかの形で貢献できるなら、こんなにうれしいことはない。なお、本書の記述の中には、京都人から見たらおかしな点も多々あるかもしれないが、京町家を愛するが故の思いからであると、その強い思いに免じてご容赦いただきたい。最後に、このような町家暮らしができたのは、妻道子の理解と協力があってこそである。改めて感謝したい。

〔謝辞〕

本書の刊行にあたり、これまでいくつかの心理学専門書の刊行で大変お世話になった昭和堂の大石泉氏に再びお世話になった。改めてお礼申し上げる。

また、本書の中に写真を使うことを快諾していただいた、水野克比古氏と水野秀比古氏の両氏にお礼申し上げる。

【文献】

朝日新聞　『出火原因　屋根裏に潜む？』二〇二四年二月八日夕刊記事

池　修　『表具を楽しむ』光村推古書院　二〇一三

伊藤正人　『行動と学習の心理学：日常生活を理解する』昭和堂　二〇〇五

伊藤正人　「住んでこその価値と魅力―京町家を楽しむ」関西スクエア　九月号　朝日新聞社　二〇一四

Ito, M. A renovation of traditional urban house (machiya) of Kyoto and a lifestyle of the city-dweller from a standpoint of behavioral architecture: Toward an integration of behavior analysis and architecture. 2015. Paper presented at the eighth Conference of the Association of Behavior Analysis International (Kyoto).

伊藤正人　「次々に解体される町家：京都の景観の危機的状況」関西スクエア　三月号　朝日新聞社　二〇一六

伊藤正人　『京町家を愉しむ：行動建築学から見る町家の再生と暮らし』和泉書院　二〇一六

伊藤正人　「京町家暮らしの愉しみ」心理学ワールド、八九号、二〇二〇

江口久美　「防空壕調査成果資料」二〇一六

大場　修　『「京町家カルテ」が解く　京都人が知らない京町家の世界』淡交社　二〇一九

鴨長明　『方丈記』岩波文庫　一九八九

関西スクエア　「京町家の座敷で江戸絵画を堪能：伊藤正人さん宅でセミナー」一六六号　朝日新聞社　二〇一四

関西スクエア「京町家に暮らす愉しさを本にしました」一八七号　朝日新聞社　二〇一六
切畑　健『雛人形』京都書院　一九九八
京都新聞「京の密集市街地解消模索」二〇二四年一月一六日朝刊記事
京町家作事組『町家再生の技と知恵：京町家のしくみと改修の手引き』学芸出版社　二〇〇二
京町家作事組『町家再生の創意と工夫：実例にみる改修の作法と手順』学芸出版社　二〇〇五
京都市「京町家再生プラン：くらし・空間・まち」二〇〇〇
京都市・京都市景観・まちづくりセンター・立命館大学「平成二〇・二一年度「京町家まちづくり調査」報告書」二〇一一
京都市景観・まちづくりセンター『なるほど！「京町家の改修」～住みつづけるために～』二〇〇七
京都市景観・まちづくりセンター　ニュースレター「京まち工房」六八号　二〇一四
京都市景観・まちづくりセンター　ニュースレター「京まち工房」八九号　二〇一九
兼好法師『新版　徒然草　現代語訳付き』角川ソフィア文庫　二〇一五
是澤博昭『日本人形の美：伝統から近代まで、浅原コレクションの世界』淡交社　二〇〇八
降旗廣信『民家再生の設計手法』彰国社　一九九七
森谷剋久『京都を楽しむ地名・歴史事典』ＰＨＰ文庫　二〇一一
森谷剋久・山田光二『京の川』角川選書　一九八〇
谷崎潤一郎『陰影礼賛』「谷崎潤一郎随筆集」岩波書店　一九八五
高橋昌明『京都千年の都の歴史』岩波新書　二〇一四

◎ **著者略歴**

伊藤 正人（いとう まさと）

1948 年　東京に生まれる。

1981 年　慶應義塾大学大学院社会学研究科博士課程修了　文学博士

現在　大阪公立大学大学院文学研究科客員教授　大阪市立大学名誉教授

この間、カリフォルニア大学サンジェゴ校（UCSD）訪問教授（1982 年～ 1983 年）、京都大学霊長類研究所共同利用研究員（1989 年～ 1990 年）、*Journal of the Experimental Analysis of Behavior* 編集委員（1990 年～ 1993 年）などを務める。日本心理学会研究奨励賞受賞（1992 年）

専門分野：

学習心理学、行動分析学

著書：

『行動と学習の心理学：日常生活を理解する』昭和堂（単著）　2005

『心理学研究法入門：行動研究のための研究計画とデータ解析』昭和堂（単著）2006

『現代心理学：行動から見る心の探求』昭和堂（編著）　2013

高橋雅治（編）『セルフ・コントロールの心理学：自己制御の基礎と教育・医療・矯正への応用』北大路書房（共著）　2017

『京町家を愉しむ：行動建築学から見る町家の再生と暮らし』和泉書院（単著）2016

築百年京町家再生奮闘記

2024 年 12 月 25 日　初版第 1 刷発行

著　者　伊　藤　正　人

発行者　杉　田　啓　三

〒 607-8494　京都市山科区日ノ岡堤谷町 3-1

発行所　株式会社 昭和堂

TEL（075）502-7500 ／ FAX（075）502-7501

ホームページ　http://www.showado-kyoto.jp

印刷　亜細亜印刷

ISBN 978-4-8122-2325-3

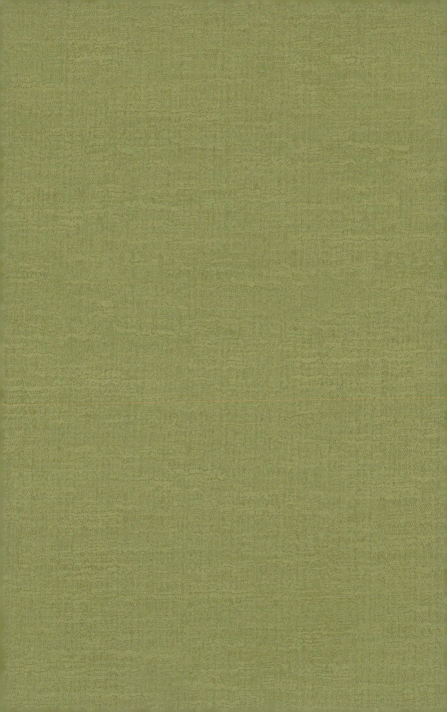